गद्य अमृत

सम्पादक मंडल

गद्य अमृत

(स्वामी रामानन्द तीर्थ मराठवाडा विश्वविद्यालय, नांदेड के बी.ए., बी.एससी., बी.कॉम., द्वितीय वर्ष-द्वितीय भाषा हिन्दी के लिए)

सम्पादक

डॉ. जोगेंद्रसिंह बिसेन

उपप्रधानाचार्य तथा हिन्दी विभाग प्रमुख

स्नातकोत्तर हिन्दी विभाग

दयानन्द कला महाविद्यालय, लातूर

सहसम्पादक

डॉ. व्यंकट पाटील

विभाग प्रमुख

स्वामी विवेकानन्द महाविद्यालय

शिरुर, ताजबन्द

वाणी प्रकाशन

वाणी प्रकाशन
4695, 21-ए, दरियागंज, नयी दिल्ली 110 002
शाखा
अशोक राजपथ, पटना 800 004
फ़ोन : +91 11 23273167 फ़ैक्स : +91 11 23275710
www.vaniprakashan.in
vaniprakashan@gmail.com
sales@vaniprakashan.in

GADYA AMRIT
Edited by Dr. Jogendrasingh Bisen

ISBN : 978-93-5072-754-6

प्रथम संस्करण 2014
आवृत्ति 2018

मूल्य : ₹ 65

एम.एस. प्रिंटर्स, दिल्ली-110 093 में मुद्रित

वाणी प्रकाशन का लोगो मक़बूल फ़िदा हुसेन की कूची से

भूमिका

स्वामी रामानन्द तीर्थ मराठवाडा विश्वविद्यालय, नांदेड के बी.ए., बी.एससी. बी.कॉम. द्वितीय वर्ष, द्वितीय भाषा हिन्दी की पुस्तक 'गद्य अमृत' आपके हाथों में सौंपते हुए हमें अत्यन्त हर्ष होता है।

'गद्य अमृत' में साहित्य की दस गद्य विधाओं की दस रचनाएँ संकलित हैं। जिसमें निबन्ध, व्यंग्य निबन्ध, आत्मकथा अंश, जीवनी अंश, रेखाचित्र, रिपोर्ताज, डायरी अंश, पत्र, एकांकी हैं। इन रचनाओं के द्वारा छात्रों को विभिन्न विधाओं का परिचय होगा। उनका मनोरंजन होगा और उससे भी अधिक इन रचनाओं में व्यक्त जीवनमूल्यों द्वारा छात्रों पर उचित संस्कार भी होंगे। यह संस्कार मानवता निर्माण में सहायक होंगे। जिसके द्वारा समाज से अनैतिकता का नाश तथा नैतिकता की प्रतिष्ठापना होगी। यह रचना छात्रों के लिए पथदर्शक सिद्ध होगी यह हमें विश्वास है।

इस संकलन के निर्माण में कुलपति डॉ. पंडित विद्यासागर जी, मानव्य संकाय के अधिष्ठाता डॉ. अजय टेंगसे जी तथा डॉ. दीपक पानसकर जी, संचालक महाविद्यालय तथा विश्वविद्यालय विकास मंडल द्वारा सहयोग तथा मार्गदर्शन प्राप्त हुआ अतः उन सबके प्रति हम कृतज्ञ हैं।

इस संकलन को पुस्तक रूप में सीमित समय में प्रकाशित करने में जो परिश्रम वाणी प्रकाशन, नयी दिल्ली के सभी सदस्यों ने किया उनके प्रति धन्यवाद व्यक्त करना हमारा कर्तव्य है।

धन्यवाद!

डॉ. जोगेंद्रसिंह बिसेन
सदस्य, हिन्दी अध्ययन मंडल
स्वामी रामानन्द तीर्थ मराठवाडा
विश्वविद्यालय, नांदेड

अनुक्रम

सरदार पूर्णसिंह

(जन्म 1881–देहावसान 1931)

पूर्णसिंह का जन्म सन् 1881 में हुआ। उच्च शिक्षा प्राप्त करने के पश्चात आप देहरादून के इम्पीरियल फारेस्ट संस्था में कार्यरत रहें। आपको हिन्दी, उर्दू, फारसी, अंग्रेजी, जापानी भाषाओं का ज्ञान था।

पूर्णसिंह एक श्रेष्ठ आत्मव्यंजक निबन्धकार के रूप में प्रसिद्ध रहें। वे द्विवेदी युग के निबन्धकार थे। आपके निबन्धों की संख्या अधिक नहीं है किन्तु संख्या की दृष्टि से कम निबन्ध होते हुए भी निबन्ध जगत् में पूर्णसिंह का अपना एक विशेष स्थान है। आपके निबन्धों में 'आचरण की सभ्यता', 'मजदूरी और प्रेम', 'सच्ची वीरता' जैसे आपके निबन्ध भावना प्रवाह में पाठकों को बहा ले जाते हैं।

पूर्णसिंह संवेदनशील व्यक्ति थे। यूरोप की मशीनी सभ्यता की प्रतिक्रिया जो हमें टॉल्सटॉय और रस्किन में दिखाई देती है वही सरदार पूर्णसिंह में भी प्राप्त होती है। औद्योगिक क्रांति की अपेक्षा वे मनुष्यता को अधिक महत्त्व देते हैं।

'आचरण की सभ्यता' निबन्ध में पूर्णसिंह जी ने आचरण को महत्त्व दिया है। जीवन में आचरण को ही अधिक महत्त्व है। हमारा आचरण अधिक से अधिक शुद्ध हो। सारे वेदशास्त्रों से भी आचरण श्रेष्ठ है। जीवन की पवित्रता आचरण पर ही निर्भर है। हर घटना, वस्तु को देखने का अपना-अपना नजरिया होता है। यदि हमारा आचरण, मन शुद्ध है तो हमें हर चीज में अच्छाई नजर आयेगी। मूलतः मन में ही यदि मैल है तो सभी चीजें हमें बुरी, गलत नजर आती हैं।

मनुष्य के जीवन का उद्देश्य आचरण की श्रेष्ठता है। अपने आचरण का मार्ग व्यक्ति को स्वयं ही निर्माण करना होगा और अपेक्षा है कि वह मार्ग उसकी मनुष्यता का द्योतक हो। यह मनुष्यता असभ्य, कमीने, पापमय जीवन की गन्दी राख पर नहीं उग सकती। इसके लिए आचरण की शुद्धता आवश्यक है।

आचरण की सभ्यता

–सरदार पूर्णसिंह

विद्या, कला, कविता, साहित्य, धन और राजत्व से भी आचरण की सभ्यता अधिक ज्योतिष्मती है। आचरण की सभ्यता को प्राप्त करके एक कंगाल आदमी राजाओं के दिलों पर भी अपना प्रभुत्व जमा सकता है। इस सभ्यता के दर्शन से कला, साहित्य और संगीत को अद्भुत सिद्धि प्राप्त होती है। राग अधिक मृदु हो जाता है; विद्या का तीसरा शिव-नेत्र खुल जाता है; चित्र-कला का मौन राग अलापने लग जाता है; वक्ता चुप हो जाता है; लेखक की लेखनी थम जाती है; मूर्ति बनाने वाले के सामने नये कपोल, नये नयन और नयी छवि का दृश्य उपस्थित हो जाता है।

आचरण की सभ्यतामय भाषा सदा मौन रहती है। इस भाषा का निघण्टु शुद्ध श्वेत पत्रों वाला है। इसमें नाम मात्र के लिए भी शब्द नहीं। यह सभ्याचरण नाद करता हुआ भी मौन है, व्याख्यान देता हुआ भी व्याख्यान के पीछे छिपा है, राग गाता हुआ भी राग के सुर के भीतर पड़ा है। मृदु वचनों की मिठास में आचरण की सभ्यता मौन रूप से खुली हुई है। नम्रता, दया, प्रेम और उदारता सब के सब सभ्याचरण की भाषा के मौन व्याख्यान हैं। मनुष्य के जीवन पर मौन व्याख्यान का प्रभाव चिरस्थायी होता है और उसकी आत्मा का एक अंग हो जाता है।

न काला, न नीला, न पीला, न सफेद, न पूर्वी, न पश्चिमी, न उत्तरी, न दक्षिणी, बेनाम, बेनिशान, बेमकान–विशाल आत्मा के आचरण से मौन रूपिणी सुगन्धि सदा प्रसारित हुआ करती है। इसके मौन से प्रसूत प्रेम और पवित्रता-धर्म सारे जगत् का कल्याण करके विस्तृत होते हैं। इसकी उपस्थिति से मन और हृदय की ऋतु बदल जाते हैं। तीक्ष्ण गरमी से जले-भुने व्यक्ति आचरण के काले बादलों की बूँदाबाँदी से शीतल हो जाते हैं। मानसोत्पन्न शरद ऋतु से क्लेशातुर हुए पुरुष इसकी सुगन्धमय अटल बसन्त ऋतु के आनन्द का पान करते हैं। आचरण के नेत्र के एक अश्रु से जगत् भर के नेत्र भीग जाते हैं। आचरण के आनन्द-नृत्य से उन्मदिष्णु होकर वृक्षों और पर्वतों तक के हृदय नृत्य करने लगते हैं। आचरण के मौन व्याख्यान से मनुष्य को एक नया जीवन प्राप्त होता है। नये-नये विचार

स्वयं ही प्रकट होने लगते हैं। सूखे काष्ठ सचमुच ही हरे हो जाते हैं। सूखे कूपों में जल भर आता है। नये मित्र मिलते हैं। कुल पदार्थों के साथ एक नया मैत्री-भाव फूट पड़ता है। सूर्य, जल, वायु, पुष्प, पत्थर, घास, पात, नर, नारी और बालक तक में एक अश्रुतपूर्व सुन्दर मूर्ति के दर्शन होने लगतें है।

मौनरूपी व्याख्यान की महत्ता इतनी बलबती, इतनी अर्थवती और इतनी प्रभाववती होती है कि उसके सामने क्या मातृभाषा, क्या साहित्य-भाषा और क्या अन्य देश की भाषा सब की सब तुच्छ प्रतीत होती हैं। अन्य कोई भाषा दिव्य नहीं, केवल आचरण की मौन भाषा ही ईश्वरीय है। विचार करके देखों, मौन व्याख्यान किस तरह आपके हृदय की नाड़ी-नाड़ी में सुन्दरता को पिरो देता है! वह व्याख्यान ही क्या, जिसने हृदय की धुन को मन के लक्ष्य को ही न बदल दिया। चन्द्रमा की मन्द-मन्द हँसी का तारागण के कटाक्ष-पूर्ण प्राकृतिक मौन व्याख्यान का प्रभाव किसी कवि के दिल में घुसकर देखो। सूर्यास्त होने के पश्चात् श्रीकेशवचन्द्र सेन और महर्षि देवेन्द्रनाथ ठाकुर ने सारी रात, एक क्षण की तरह, गुजार दी; यह तो कल की बात है। कमल और नरगिस में नयन देखने वाले नेत्रों से पूछो कि मौन व्याख्यान की प्रभुता कितनी दिव्य है।

प्रेम की भाषा-शब्द रहित है। नेत्रों की, कपोलों की, मस्तक की भाषा भी शब्द-रहित है। जीवन का तत्त्व भी शब्द से परे है। सच्चा आचरण-प्रभाव, शील, अचल-स्थिति-संयुक्त आचरण—न तो साहित्य के लम्बे व्याख्यानों से गठा जा सकता है; न वेद की श्रुतियों के मीठे उपदेश से; न अंजील से; न कुरान से; न धर्मचर्चा से; न केवल सत्संग से। जीवन के अरण्य में घुसे हुए पुरूष के हृदय पर प्रकृति और मनुष्य के जीवन के मौन व्याख्यानों के यत्न से सुनार के छोटे हथौड़े की मन्द-मन्द चोटों की तरह, आचरण का रूप प्रत्यक्ष होता है।

बर्फ का दुपट्टा बाँधे हुए हिमालय इस समय तो अति सुन्दर, अति ऊँचा और अति गौरवान्वित मालूम होता है; परन्तु प्रकृति ने अगणित शताब्दियों के परिश्रम से रेत का एक-एक परमाणु समुद्र के जल में डुबो-डुबोकर और तन को अपने विचित्र हथौड़े से सुडौल कर करके इस हिमालय के दर्शन कराये हैं। आचरण भी हिमालय की तरह एक ऊँचे कलश वाला मन्दिर है। यह वह आम का पेड़ नहीं जिसको मदारी एक क्षण में, तुम्हारी आँखों में मिट्टी डालकर, अपनी हथेली पर जमा दे। इसके बनने में अनन्त काल लगा है। पृथ्वी बन गयी; सूर्य बन गया, तारागण आकाश में दौड़ने लगे; परन्तु अभी तक आचरण के सुन्दर रूप के दर्शन नहीं हुए। कहीं-कहीं उसकी अत्यल्प छटा अवश्य दिखाई देती है।

पुस्तकों में लिखे हुए नुस्खों से तो और भी अधिक बदहजमी हो जाती है। सारे वेद और शास्त्र भी यदि घोलकर पी लिए जायँ तो भी आदर्श आचरण की प्राप्ति नहीं होती। आचरण-प्राप्ति की इच्छा रखने वाले को तर्क-वितर्क से कुछ

भी सहायता नहीं मिलती। शब्द और वाणी तो साधारण जीवन के चोंचले हैं। ये आचरण की गुप्त गुहा में नहीं प्रवेश कर सकते। वहाँ इनका कुछ भी प्रभाव नहीं पड़ता। वेद इस देश के रहने वालों के विश्वासानुसार ब्रह्म-वाणी हैं, परन्तु इतना काल व्यतीत हो जाने पर भी आज तक वे समस्त जगत् की भिन्न-भिन्न जातियों को संस्कृत भाषा न बुला सके—न समझा सके—न सिखा सके। यह बात हो कैसे? ईश्वर तो सदा मौन है। ईश्वरीय मौन शब्द और भाषा का विषय नहीं। वह केवल आचरण के कान में गुरु-मन्त्र फूँक सकता है। वह केवल ऋषि के दिल में वेद का ज्ञानोदय कर सकता है।

किसी का आचरण वायु के झोंके से हिल जाय तो हिल जाय, परन्तु साहित्य और शब्द की गोलन्दाजी और आँधी से उसके सिर के एक बाल तक का बाँका न होना एक साधारण बात है। पुष्प की कोमल पंखड़ी के स्पर्श से किसी को रोमांच हो जाय; जल की शीतलता से क्रोध और विषय-वासना शान्त हो जायँ; बर्फ के दर्शन से पवित्रता आ जाये, सूर्य की ज्योति से नेत्र खुल जाये-परन्तु अंग्रेजी भाषा का व्याख्यान;—चाहे वह कारलायल ही का लिखा हुआ क्यों न हो-बनारास में पंडितों के लिए रामरोला ही है। इसी तरह न्याय और व्याकरण की बारीकियों के विषय में पंडितों के द्वारा की गयी चर्चायें और शास्त्रार्थ संस्कृत-ज्ञान-हीन पुरुषों के लिए स्टीम इंजिन के फप्-फप् शब्द से अधिक अर्थ नहीं रखते। यदि आप कहें व्याख्यानों द्वारा, उपदेशों द्वारा, धर्म चर्चा द्वारा कितने ही पुरुषों और नारियों के हृदय का जीवन-व्यापी प्रभाव पड़ा है, तो उत्तर यह है कि प्रभाव शब्द का नहीं पड़ता—प्रभाव तो सदा सदाचार का पड़ता है। साधारण उपदेश तो हर गिरजे, हर मन्दिर और हर मस्जिद में होते हैं, परन्तु उनका प्रभाव तभी हम पर पड़ता है जब गिरजे का पादरी स्वयं ईसा होता है— मन्दिर का पुजारी स्वयं ब्रह्मर्षि होता है—मस्जिद का मुल्ला स्वयं पैगम्बर और रसूल होता है।

यदि एक ब्राह्मण किसी डूबती कन्या की रक्षा के लिये—चाहे वह कन्या जिस जाति की हो, जिस किसी मनुष्य की हो, जिस किसी देश की हो—अपने आपकों गंगा में फेंक दे—चाहे फिर उसके प्राण यह काम करने में रहें चाहे जायँ— तो इस कार्य के प्रेरक आचरण की मौनमयी भाषा किस देश में, किस जाति में, और किस काल में, कौन नहीं समझ सकता? प्रेम का आचरण, दया का आचरण—क्या पशु और क्या मनुष्य—जगत् के सभी चराचर आप ही आप समझ लेते हैं। जगत् भर के बच्चों की भाषा इस भाष्य-हीन भाषा का चिह्न है। बालकों के इस शुद्ध मौन का नाद और हास्य भी सब देशों में एक सा पाया जाता है।

एक दफे एक राजा जंगल में शिकार खेलते-खेलते रास्ता भूल गया। उसके साथी पीछे रह गये। घोड़ा उसका मर गया। बन्दूक हाथ में रह गयी। रात का समय आ पहुँचा। देश बर्फानी, रास्ते पहाड़ी। पानी बरस रहा है। रात अँधेरी है।

ओले पड़ रहे हैं। ठंडी हवा उसकी हड्डियों तक को हिला रही है। प्रकृति ने, इस घड़ी इस राजा को अनाथ बालक से भी अधिक बे-सरो-सामान कर दिया। इतने में दूर एक पहाड़ी की चोटी के नीचे टिमटिमाती हुई बत्ती की लौ दिखाई दी। कई मील तक पहाड़ के ऊँचे-नीचे उतार-चढ़ाव को पार करने से थका हुआ, भूखा और सर्दी से ठिठुरा हुआ राजा उस बत्ती के पास पहुँचा। यह एक गरीब पहाड़ी किसान की कुटी थी। इसमें किसान, उसकी स्त्री और उनके दो-तीन बच्चें रहते थे। किसान शिकारी को अपनी झोपड़ी में ले गया। आग जलाई। उसके वस्त्र सुखाये। दो मोटी-मोटी रोटियाँ और साग उसके आगे रखा। उसने खुद भी खाया और शिकारी को भी खिलाया। ऊन और रीछ के चमड़े के नरम और गरम बिछौने पर उसने शिकार को भी खिलाया। ऊन और रीछ के चमड़े के नरम और गरम बिछौने पर उसने शिकारी को सुलाया। आप बे-बिछौने की भूमि पर सो रहा। धन्य है तू, मनुष्य! तू ईश्वर से क्या कम है! तू भी तो पवित्र और निष्काम रक्षा का कर्त्ता है। तू भी तो आपन्न जनों का आपत्ति से उद्धार करने वाला है।

शिकारी कई रूसों का जार ही क्यों न हो, इस समय तो एक रोटी और गरम बिस्तर अग्नि की एक चिनगारी और टूटी छत पर—उसकी सारी राजधानियाँ बिक गयी। अब यदि वह अपनी सारा राज्य उस किसान को, उसकी अमूल्य रक्षा के मोल में, देना चाहे तो भी वह तुच्छ है; यदि वह अपना दिल ही देना चाहे तो भी वह तुच्छ है। अब उस निर्धन और निरक्षर पहाड़ी किसान की दया और उदारता के कर्म के मौन व्याख्यान को देखो। चाहे शिकारी को पता लगे चाहे न लगे, परन्तु राजा के अन्तस् के मौन जीवन में उसने ईश्वरीय औदार्य की कलम गाड़ दी। शिकार में अचानक रास्ता भूल जाने के कारण जब इस राजा को ज्ञान का एक परमाणु मिल गया तब कौन कह सकता है कि शिकारी का जीवन अच्छा नहीं। क्या जंगल के ऐसे जीवन में, इसी प्रकार के व्याख्यानों से, मनुष्य का जीवन, शनैः-शनैः, नया रूप धारण नहीं करता? जिसने शिकारी के जीवन के दुःखों को नहीं सहन किया उसको क्या पता कि ऐसे जीवन की तह में किस प्रकार और किस मिठास के आचरण का विकास होता है। इसी तरह क्या एक मनुष्य के जीवन में और क्या एक जाति के जीवन में—पवित्रता और अपवित्रता भी जीवन के आचरण को भली-भाँति गढ़ती है—और उस पर भली भाँति कुन्दन करती है। जगई और मधई यदि पक्के लुटेरे न होते तो महाप्रभु चैतन्य के आचरण-सम्बन्धी मौन व्याख्यान को ऐसी दृढ़ता से कैसे ग्रहण करते। नग्न नारी को स्नान करते देख सूरदास जी यदि कृष्णार्पण किये गये अपने हृदय को एक बार फिर उस नारी की सुन्दरता निरखने में न लगाते और उस समय फिर एक बार अपवित्र न होते तो सूरसागर में प्रेम का वह मौन व्याख्यान—आचरण का वह उत्तम आदर्श—कैसे दिखाई देता। कौन कह सकता है कि जीवन की पवित्रता और अपवित्रता के प्रतिद्वन्द्वी भाव से संसार के

आचरणों के (की) एक अद्भुत पवित्रता का विकास नहीं होता। यदि मेरीमॉडलिन वेश्या न होती तो कौन उसे ईसा के पास ले जाता और ईसा के मौन व्याख्यान के प्रभाव से किस तरह वह आज हमारी पूजनीय माता बनती? कौन कह सकता है कि ध्रुव की सौतेली माता अपनी कठोरता से ध्रुव को अटल बनाने में वैसी की सहायक नहीं हुई जैसी कि स्वयं ध्रुव की माता।

मनुष्य का जीवन इतना विशाल है कि उसके आचरण को रूप देने के लिए नाना प्रकार के ऊँच-नीच और भले-बुरे विचार, अमीरी और गरीबी, उन्नति और अवनति इत्यादि सहायता पहुँचाते हैं। पवित्र अपवित्रता उतनी ही बलवती है, जितनी कि पवित्र पवित्रता। जो कुछ जगत् में हो रहा है वह केवल आचरण के विकास के अर्थ हो रहा है। अन्तरात्मा वही काम करती है जो बाह्य पदार्थों के संयोग का प्रतिबिम्ब होता है। जिनको हम पवित्रात्मा कहते हैं, क्या पता है, किन-किन कूपों से निकल कर अब वे उदय को प्राप्त हुए हैं? जिनको हम धर्मात्मा कहते हैं, क्या पता है, किन-किन अधर्मों को करके वे धर्म-ज्ञान को पा सके हैं? जिनको हम सभ्य कहते हैं और जो अपने जीवन में पवित्रता को ही सब कुछ समझते हैं, क्या पता है; वे कुछ काल पूर्व बुरी और अधर्म अपवित्रता में लिप्त रहे हों? अपने जन्म-जन्मान्तरों के संस्कारों में भरी हुई अन्धकार-मय कोठरी से निकलकर ज्योति और स्वच्छ वायु से परिपूर्ण खुले हुए देश में जब तक अपना आचरण अपने नेत्र न खोल चुका हो तब तक धर्म के गूढ़ तत्त्व कैसे समझ में आ सकते हैं। नेत्र-रहित को सूर्य से क्या लाभ? हृदय-रहित को प्रेम से क्या लाभ? बहरे को राग से क्या लाभ? कविता, साहित्य, पीर, पैगम्बर, गुरु, आचार्य, ऋषि आदि के उपदेशों से लाभ उठाने का यदि आत्मा में बल नहीं तो उनसे क्या लाभ? जब तक जीवन का बीज पृथ्वी के मल-मूत्र के ढेर में पड़ा है, अथवा जब तक वह खाद की गरमी से अंकुरित नहीं हुआ और प्रस्फुटित होकर उससे दो नये पत्ते ऊपर नहीं निकल आये, तब तक ज्योति और वायु उसके किस काम के।

जगत् के अनेक सम्प्रदाय अनदेखी और अनजानी वस्तुओं का वर्णन करते हैं, पर अपने नेत्र तो अभी माया के पटल से बन्द हैं—और धर्मानुभव के लिए मायाजाल में उनका बन्द होना आवश्यक भी है। इस कारण मैं उनके अर्थ कैसे जान सकता हूँ? वे भाव—वे आचरण—जो उन आचार्यों के हृदय में थे और जो उनके शब्दों के अन्तर्गत मौनावस्था में पड़े हुए हैं, उनके साथ मेरा सम्बन्ध जब तक मेरा भी आचरण उसी प्रकार का न हो जाय तब तक, हो ही कैसे सकता है? ऋषि को तो मौन पदार्थ भी उपदेश दे सकते हैं; टूटे-फूटे शब्द भी अपना अर्थ भासित कर सकते हैं, तुच्छ से भी तुच्छ वस्तु उसकी आँखों में उसी महात्मा का चिह्न है जिसका चिह्न उत्तम से उत्तम पदार्थ है; राजा में फकीर छिपा है और फकीर में राजा। बड़े से बड़े पंडित में मूर्ख छिपा है और बड़े से बड़े मूर्ख में पंडित। वीर

में कायर और कायर में वीर सोता है। पापी में महात्मा और महात्मा में पापी डूबा हुआ है।

वह आचरण, जो धर्म-सम्प्रदायों के अनुच्चारित शब्दों को सुनाता है; हममें कहाँ? जब वही नहीं तब फिर क्यों न ये सम्प्रदाय हमारे मानसिक महाभारतों के कुरुक्षेत्र बनें? क्यों न अप्रेम, अपवित्रता, हत्या और अत्याचार इन सम्प्रदायों के नाम के हमारा खून करें। कोई भी धर्म-सम्प्रदाय आचरणरहित पुरुषों के लिए कल्याणकारक नहीं हो सकता और आचरण वाले पुरुषों के लिए सभी धर्म-सम्प्रदाय कल्याणकारक हैं। सच्चा साधु धर्म को गौरव देता है, धर्म किसी को गौरवान्वित नहीं करता।

आचरण का विकास जीवन का परमोद्देश है। आचरण के विकास के लिए नाना प्रकार की सामग्रियों का, जो संसार-संभूत शारीरिक, प्राकृतिक, मानसिक और आध्यात्मिक जीवन में वर्तमान है, उन सबकी (सबका) क्या एक पुरुष और क्या एक जाति के आचरण के विकास के साधनों के सम्बन्ध में विचार करना होगा। आचरण के विकास के लिए जितने कर्म हैं, उन सबको आचरण के संघटन कर्ता धर्म के अंग मानना पड़ेगा। चाहे कोई कितना ही बड़ा महात्मा क्यों न हो, वह निश्चय पूर्वक यह नहीं कह सकता कि यों ही करो, और किसी तरह नहीं। आचरण की सभ्यता की प्राप्ति के लिए वह सब को एक पथ नहीं बता सकता। आचरण-शील महात्मा स्वयं भी किसी अन्य की बनाई हुई सड़क से नहीं आया; उसने अपनी सड़क स्वयं ही बनाई थी। इसी से उसके बनाये हुए रास्ते पर चलकर हम भी अपने आचरण को आदर्श के ढाँचे में नहीं ढाल सकते। हमें अपना रास्ता अपने ही जीवन की कुदाली की एक-एक चोट से रात-दिन बनाना पड़ेगा और उसी पर चलना भी पड़ेगा। हर किसी को अपने देशकालानुसार रामप्राप्ति के लिए अपनी नैया आप ही बनानी पड़ेगी और आप ही चलानी भी पड़ेगी।

यदि मुझे ईश्वर का ज्ञान नहीं तो ऐसे ज्ञान ही से क्या प्रयोजन? जब तक मैं अपना हथौड़ा ठीक-ठीक चलाता हूँ और रूपहीन लोहे को तलवार के रूप में गढ़ देता हूँ तब तक यदि मुझे ईश्वर का ज्ञान नहीं तो नहीं होने दो। उस ज्ञान से मुझे प्रयोजन ही क्या? जब तक मैं अपना उद्धार ठीक और शुद्ध रीति से किये जाता हूँ तब तक यदि मुझे आध्यात्मिक पवित्रता का भाव नहीं होता तो न होने दो। उससे सिद्धि ही क्या हो सकती है? जब तक किसी जहाज के कप्तान के हृदय में इतनी वीरता भरी हुई है कि वह महाभयानक समय में भी अपने जहाज को नहीं छोड़ता तब तक यदि वह मेरी और तेरी दृष्टि में शराबी और स्त्रैण है तो उसे वैसा ही होने दोःउसकी बुरी बातों से हमें प्रयोजन ही क्या? आँधी हो—बरफ हो—बिजली की कड़क हो—समुद्र का तूफान हो—वह दिन-रात आँख खोले अपने जहाज की रक्षा के लिए जहाज के पुल पर घूमता हुआ अपने धर्म का पालन करता

है। वह अपने जहाज के साथ समुद्र में डूब जाता है; परन्तु अपना जीवन बचाने के लिए कोई उपाय नहीं करता। क्या उसके आचरण का यह अंश मेरे-तेरे बिस्तर और आसन पर बैठे बिठाये कहे हुए निरर्थक शब्दों के भाव से कम महत्त्व का है?

न मैं किसी गिरजे में जाता हूँ और न किसी मन्दिर में, न मैं नमाज पढ़ता हूँ और न रोजा रखता हूँ, न सन्ध्या ही करता हूँ और न कोई देवपूजा ही करता हूँ, न किसी आचार्य के नाम का मुझे पता है और न किसी के आगे मैंने सिर ही झुकाया है। तो इससे प्रयोजन ही क्या और इससे हानि भी क्या? मैं तो अपनी खेती करता हूँ; अपने हल और बैलों को प्रातःकाल उठकर प्रणाम करता हूँ; मेरा जीवन जंगल के पेड़ों और पत्तियों की संगति से गुजरता है; आकाश के बादलों को देखते मेरा दिल निकल जाता है। मैं किसी को धोखा नहीं देता; हाँ, यदि मुझे कोई धोखा दे तो उससे मेरी कोई हानि नहीं। मेरे खेत में अन्न उग रहा है; मेरा घर अन्न से भरा है; बिस्तर के लिए मुझे एक कमली काफी है, कमर के लिए लँगोटी और सिर के लिए एक टोपी बस है। हाथ-पाँव मेरे बलवान हैं, शरीर मेरा अरोग्य है; भूख खूब लगती है; बाजरा और मकई, छाछ और दही, दूध और मक्खन मुझे और मेरे बच्चों को खाने के लिये मिल जाता है। क्या इस किसान की सादगी और सच्चाई में वह मिठास नहीं जिसकी प्राप्ति के लिए भिन्न-भिन्न धर्म-सम्प्रदाय लम्बी-चौड़ी और चिकनी-चुपड़ी बातों द्वारा दीक्षा दिया करते हैं।

जब साहित्य, संगीत, कला की अति ने रोम को घोड़े से उतार कर मखमल के गद्दों पर लिटा दिया—जब आलस्य और विषय-विकार की लम्पटता ने जंगल और पहाड़ की साफ हवा के असभ्य और उद्दण्ड जीवन से रोमवालों का मुख मोड़ दिया तब रोम नरम तकियों और बिस्तरों पर ऐसा सोया कि अब तक न आप जागा और न कोई उसे जगा ही सका। ऐंग्लो-सैक्सन जाति ने जो उच्च पद प्राप्त किया वह उसने अपने समुद्र, जंगल और पर्वत से सम्बन्ध रखने वाले जीवन से ही प्राप्त किया। इस जाति की उन्नति लड़ने-भिड़ने, मरने-मारने, लूटने और लूटे जाने, शिकार करने और शिकार होने वाले जीवन का ही परिणाम है। लोग कहते हैं, केवल धर्म ही जाति को उन्नत करता है। यह ठीक है, परन्तु यह धर्म्मांकुर जो जाति को उन्नत करता है, इस असभ्य, कमीने और पाप-मय जीवन की गन्दी राख के ढेर के ऊपर नहीं उगता है। मन्दिरों और गिरजों की मन्द-मन्द टिमटिमाती हुई मोमबत्तियों की रोशनी से यूरोप इस उच्चावस्था को नहीं पहुँचा। यह कठोर जीवन, जिसको देश-देशान्तरों को ढूँढ़ते फिरते रहने के बिना शान्ति नहीं मिलती, जिसकी अन्तर्ज्वाला दूसरी जातियों को जीतने, लूटने, मारने और उन पर राज करने के बिना मन्द नहीं पड़ती—केवल वहीं विशाल जीवन समुद्र की छाती पर मूँग दलकर और पहाड़ों को फाँदकर उनको उस महानता की ओर ले गया और ले जा रहा

है। राबिन हुड की प्रशंसा में इंग्लैण्ड के जो कवि अपनी सारी शक्ति खर्च कर देते हैं, उन्हें तत्त्वदर्शी कहना चाहिए, क्योंकि राबिन हुड जैसे भौतिक पदार्थों से ही नेलसन और वेलिंगटन जैसे अंग्रेजी वीरों की हड्डियाँ तैयार हुई थीं। लड़ाई के आजकल के सामान—गोले, बारूद, जंगी जहाज और तिजारती बेड़ों आदि को देखकर कहना पड़ता है, कि इनसे वर्तमान सभ्यता से भी कहीं अधिक उच्च सभ्यता का जन्म होगा।

यदि यूरोप के समुद्रों में जंगी जहाज मक्खियों की तरह न फैल जाते और यूरोप का घर-घर सोने और हीरे से न भर जाता तो वहाँ पदार्थ-विद्या के सच्चे आचार्य और ऋषि कभी न उत्पन्न होते। पश्चिमी ज्ञान से मनुष्य मात्र को लाभ हुआ है। ज्ञान का वह सेहरा बाहरी सभ्यता की अन्तवर्तिनी आध्यात्मिक सभ्यता का वह मुकुट जो आज मनुष्य जाति ने पहन रखा है यूरोप को कदापि न प्राप्त होता, यदि धन और तेज को एकत्र करने के लिए यूरोप निवासी इतने कमीने न बनते। यदि सारे पूर्वी जगत् ने इस महत्ता के लिए अपनी शक्ति से अधिक भी चन्दा देकर सहायता की तो बिगड़ क्या गया? एक तरफ जहाँ यूरोप के जीवन का एक अंश असभ्य प्रतीत होता है—कमीना और कायरता से भरा मालूम होता है—वहीं दूसरी ओर यूरोप के जीवन का वह भाग, जिसमें विद्या और ज्ञान के ऋषियों का सूर्य चमक रहा है, इतना महान् है कि थोड़े ही समय में पहले अंश को मनुष्य अवश्य ही भूल जायेंगे।

धर्म और आध्यात्मिक विद्या के पौधे को ऐसी आरोग्य-वर्धक भूमि देने के लिए, जिससे वह प्रकाश और वायु में सदा खिलता रहे, सदा फूलता रहे, सदा फलता रहे, यह आवश्यक है कि बहुत से हाथ एक अनन्त प्रकृति के ढेर को एकत्र करते रहें। धर्म की रक्षा के लिए क्षत्रियों को सदा ही कमर बाँधे हुए सिपाही बने रहने का भी तो यही अर्थ है। यदि कुल समुद्र का जल उड़ा दो तो रेडियम धातु का एक कण कहीं हाथ लगेगा। आचरण का रेडियम—क्या एक पुरुष का, और क्या जाति का, और क्या एक जगत् का—सारी प्रकृति को खाद बनाये बिना—सारी प्रकृति को हवा में उड़ाये बिना भला कब मिलने का है? प्रकृति को मिथ्या करके नहीं उड़ाना। उसे उड़ाकर मिथ्या करना है? समुद्रों में डोरा डालकर अमृत निकाला है। सो भी कितना? जरा सा। संसार की खाक छान कर आचरण का स्वर्ण हाथ आता है। क्या बैठे बिठाये भी वह मिल सकता है? हिन्दुओं का सम्बन्ध यदि किसी प्राचीन असभ्य जाति के साथ रहा होता तो उनके वर्तमान वंश में अधिक बलवान श्रेणी के मनुष्य होते—तो उनमें भी ऋषि, पराक्रमी, जनरल और धीर वीर पुरुष उत्पन्न होते। आज कल तो वे उपनिषदों के ऋषियों के पवित्रतामय प्रेम के जीवन को देख-देखकर अहंकार में मग्न हो रहे हैं और दिन पर दिन अधोगति की ओर जा रहे हैं। यदि वे किसी जंगली जाति की सन्तान होते तो उनमें भी ऋषि और बलवान्

योद्धा होते। ऋषियों को पैदा करने के योग्य असभ्य पृथ्वी का बन जाना तो आसान है; परन्तु ऋषियों को अपनी उन्नति के लिए राख और पृथ्वी बनाना कठिन है, क्योंकि ऋषि तो केवल अनन्त प्रकृति पर सजते हैं; हमारी जैसी पुष्प-शय्या पर मुरझा जाते हैं। माना कि प्राचीन काल में, यूरोप में, सभी असभ्य थे, परन्तु आजकल तो हम असभ्य हैं। इनकी असभ्यता के ऊपर ऋषि-जीवन की उच्च सभ्यता फूल रही है और हमारे ऋषियों के जीवन के फूल की शय्या पर आजकल असभ्यता का रंग चढ़ा हुआ है। सदा ऋषि पैदा करते रहना, अर्थात् अपनी ऊँची चोटी के ऊपर इन फूलों को सदा धारण करते रहना ही जीवन के नियमों का पालन करना है। तारागणों को देखते-देखते भारतवर्ष अब समुद्र में गिरा कि गिरा। एक कदम और, और धम से नीचे! कारण इसका केवल यही है कि यह अपने अटूट स्वप्न में देखता रहा है और निश्चय करता रहा है कि मैं रोटी के बिना जी सकता हूँ; हवा में पद्मासन जमा सकता हूँ; पृथ्वी से अपना आसन उठा सकता हूँ, योगसिद्धि द्वारा सूर्य और ताराओं के गूढ़ भेदों को जान सकता हूँ; समुद्र की लहरों पर बेखटके सो सकता हूँ। यह इसी प्रकार के स्वप्न देखता रहा; परन्तु अब तक न संसार ही की और न राम ही की दृष्टि में इसका एक भी वचन सत्य सिद्ध हुआ। यदि अब भी इसकी निद्रा न खुली तो बेधड़क शंख फूँक दो! कूच कर घड़ियाल बजा दो। कह दो, भारतवासियों का इस असार संसार से कूच हुआ।

लेखक का तात्पर्य केवल यह है कि आचरण केवल मन के स्वप्नों से कभी नहीं बना करता। उसका सिर तो शिलाओं के ऊपर घिस-घिसकर बनता है; उसके फूल तो सूर्य की गरमी और समुद्र के नमकीन पानी से बारम्बार भीगकर और सूखकर अपनी लाली पकड़ते हैं।

हजारों साल से धर्म-पुस्तकें खुली हुई हैं। अभी तक उनसे तुम्हें कुछ विशेष लाभ नहीं हुआ। तो फिर अपने हठ में पड़े क्यों मर रहे हो? अपनी-अपनी स्थिति को क्यों नहीं देखते? अपनी-अपनी कुदाली हाथ में लेकर क्यों आगे नहीं बढ़ते? पीछे मुड़-मुड़कर देखने से क्या लाभ? अब तो खुले जगत् में अपने अश्वमेध यज्ञ का घोड़ा छोड़ दो। तुममें से हर एक को अपना अवश्मेध करना है। चलो तो सही अपने आपकी परीक्षा करो।

धर्म के आचरण की प्राप्ति यदि ऊपरी आडम्बरों से होती तो आजकल भारत-निवासी सूर्य के समान शुद्ध आचरण वाले हो जाते। भाई! माला से तो जप नहीं होता। गंगा नहाने से तो तप नहीं होता। पहाड़ों पर चढ़ने से प्राणायाम हुआ करता है, समुद्र में तैरने से नेती धुलती है, आँधी, पानी और साधारण जीवन के ऊँच-नीच, गरमी-सरदी, गरीबी-अमीरी को झेलने से तप हुआ करता है। आध्यात्मिक धर्म के स्वप्नों की शोभा तभी भली लगती है जब आदमी अपने जीवन का धर्म पालन करे। खुले समुद्र में अपने जहाज पर बैठ कर ही समुद्र की आध्यात्मिक

शोभा का विचार होता है। भूखे को तो चन्द्र और सूर्य भी केवल आटे की बड़ी दो रोटियाँ से प्रतीत होते हैं। कुटिया में बैठकर ही धूप, आँधी और बर्फ की दिव्य शोभा का आनन्द आ सकता है। प्राकृतिक सभ्यता के आने ही पर मानसिक सभ्यता आती है और तभी स्थिर भी रह सकती है। मानसिक सभ्यता के होने घर ही आचरण-सभ्यता की प्राप्ति सम्भव है, और तभी वह स्थिर भी हो सकती है। जब तक निर्धन पुरुष पाप से अपना पेट भरता है तब तक धनवान पुरुष के शुद्धाचरण की पूरी परीक्षा नहीं। इसी प्रकार जब तक अज्ञानी का आचरण अशुद्ध है, तब तक ज्ञानवान् के आचरण की पूरी परीक्षा नहीं—तब तक जगत् में, आचरण की सभ्यता का राज्य नहीं।

आचरण की सभ्यता का देश ही निराला है। उसमें न शारीरिक झगड़े हैं, न मानसिक, न आध्यात्मिक! न उसमें विद्रोह है, न जंग ही का नामोनिशान है और न वहाँ कोई ऊँचा है न नीचा। न कोई वहाँ धनवान् है और न कोई वहाँ निर्धन वहाँ प्रकृति का नाम नहीं, वहाँ तो प्रेम और एकता का अखंड साम्राज्य है।

जिस समय बुद्धदेव ने स्वयं अपने हाथों से हाफिज शीराजी का सीना उलट कर उसे मौन आचरण का दर्शन कराया उस समय फारस में सारे बौद्धों को निर्वाण के दर्शन हुए और सब के सब आचरण की सभ्यता के देश को प्राप्त हो गये।

जब पैगम्बर मुहम्मद ने ब्राह्मण को चीरा और उसके मौन आचरण को नंगा किया तब सारे मुसलमानों को आश्चर्य हुआ कि काफिर में मोमिन किस प्रकार गुप्त था। जब शिव ने अपने हाथ से ईसा के शब्दों को परे फेंक कर उसकी आत्मा के नंगे दर्शन कराये तब हिन्दू चकित हो गये कि वह नग्न करने अथवा नग्न होने वाला उनका कौन सा शिव था? हम तो एक-दूसरे में छिपे हुए हैं। हर एक पदार्थ को परमाणुओं में परिणत करके उसके प्रत्येक परमाणु में अपने आपको ढूंढ़ना—अपने आपको एकत्र करना—अपने आचरण को प्राप्त करना है। आचरण की प्राप्ति एकता की दशा सही की प्राप्ति है। चाहे फूलों की शय्या हो चाहे काँटो की, चाहे निर्धन हो चाहे धनवान; चाहे राजा हो चाहे किसान, चाहे रोगी हो चाहे नीरोग—हृदय इतना विशाल हो जाता है कि उसमें सारा संसार बिस्तर लगाकर आनन्द से आराम कर सकता है, जीवन आकाशवत् हो जाता है और नाना रूप और रंग अपनी-अपनी शोभा में बेखटके निर्भय होकर स्थिर रह सकते हैं। आचरण वाले नयनों का मौन व्याख्यान केवल यह है— "सब कुछ अच्छा है, सब कुछ भला है।" जिस समय आचरण की सभ्यता संसार में आती है उस समय नीले आकाश से मनुष्य को वेद ध्वनि सुनाई देती है, नर-नारी पुष्पवत् खिलते जाते हैं, प्रभात हो जाता है, प्रभात का गजर बज जाता है, नारद की वीणा अलापने लगती है, ध्रुव का शंख गूँज उठता है, प्रह्लाद का नृत्य होता है, शिव का डमरू बजता है, कृष्ण

की बासुँरी की धुन प्रारम्भ हो जाती है। जहाँ ऐसे शब्द होते हैं, जहाँ ऐसे पुरुष रहते है, जहाँ ऐसी ज्योति होती है, वही आचरण की सभ्यता का सुनहरा देश है। वही देश मनुष्य का स्वदेश है। जब तक घर न पहुँच जाए, सोना अच्छा नहीं, चाहे वेदों मे, चाहे इंजील में, चाहे कुरान में, चाहे त्रिपिठक में, चाहे इस स्थान में, चाहे उस स्थान में, कहीं भी सोना अच्छा नहीं। आलस्य मृत्यु है। लेख तो पेड़ों के चित्र सदृश होते हैं, पेड़ तो होते ही नहीं जो फल लावें। लेखक ने यह चित्र इसलिए भेजा कि सरस्वती में चित्र को देखकर शायद कोई असली पेड़ को जाकर देखने का यत्न करे।

महादेवी वर्मा

(जन्म 1907–देहावसान 1987)

महादेवी वर्मा का जन्म 1907 में फर्रुखाबाद उत्तर प्रदेश के एक सम्पन्न परिवार में हुआ। इनकी प्रारम्भिक शिक्षा इन्दौर में हुई। आपने प्रयाग विश्वविद्यालय से बी.ए. तथा एम.ए. की उपाधि प्राप्त की। उसके पश्चात् प्रयाग महिला विद्यापीठ की प्रधानाचार्य नियुक्त हो गयी।

महादेवी छायावाद के चार प्रमुख आधारस्तम्भ में एक हैं। इन्हें आधुनिक युग की मीरा भी कहा जाता है। आपके कुल पाँच काव्य संग्रह 'नीहार', 'रश्मि', 'नीरजा', 'सान्ध्यगीत', 'दीपशिखा' प्रकाशित हैं। आपकी कविताओं में वेदना और अनुभूति का स्वर दृष्टिगोचर होता है। आपकी गद्य रचनाओं में 'स्मृति की रेखाएँ,' 'अतीत के चलचित्र', 'शृंखला की कड़ियाँ,' 'पथ के साथी' प्रसिद्ध हैं।

'चीनी फेरीवाला' यह रेखाचित्र स्मृति की रेखाएँ में संकलित है। प्रस्तुत रचना को कुछ सम्पादकों ने 'चीनी भाई' तो किसी ने 'सिस्तर के वास्ते' शीर्षक दिया है किन्तु महादेवी जी की मूल रचना 'चीनी फेरीवाला' शीर्षक से ही प्रकाशित है अतः यही शीर्षक उचित समझें।

प्रस्तुत रचना में एक चीनी व्यक्ति के जीवन में आयी विभिन्न आपदाओं को लेखिका ने स्पष्ट किया है किन्तु इतनी मुसीबतों के बाद भी वह चीनी व्यक्ति अपने मानवीय मूल्यों को लेकर जीता है। जिसमें सारी भौगोलिक सीमाएँ समाप्त हो जाती हैं और शुद्ध मानवीयता का दर्शन होता है।

चीनी फेरीवाला

–महादेवी वर्मा

मुझे चीनियों में पहचानकर स्मरण रखने योग्य विभिन्नता कम मिलती है। कुछ समतल मुख एक ही साँचे में ढले से जान पड़ते हैं और उनकी एकरसता दूर करने वाली, वस्त्र पर पड़ी हुई सिकुड़न जैसी नाक की गठन में भी विशेष अन्तर नहीं दिखाई देता। कुछ तिरछी, अधखुली और विरल भूरी वरुनियों वाली आँखों की तरह रेखाकृति देखकर भ्रान्ति होती है कि वे सब एक नाप के अनुसार किसी तेज धार से चीरकर बनायी गयी हैं। स्वाभाविक पीतवर्ण धूप के चरणचिह्नों पर पड़े हुए धूल के आवरण के कारण कुछ ललछौंहें सूखे पत्ते की समानता पा लेता है। आकार-प्रकार, वेशभूष। सब मिलकर इन दूर देशियों को यंत्रचालित पुतलों की भूमिका दे देते हैं, इसी से अनेक बार देखने पर भी एक फेरीवाले चीनी को दूसरे से भिन्न करके पहचानना कठिन है।

पर आज मुखों की एकरूप समष्टि में मुझे एक मुख आर्द्र नीलिमामयी आँखों के साथ स्मरण आता है जिसकी मौन भंगिमा कहती है–हम कार्बन की कापियाँ नहीं हैं। हमारी भी एक कथा है। यदि जीवन की वर्णमाला के सम्बन्ध में तुम्हारी आँखें निरक्षर नहीं तो तुम पढ़कर देखो न।

कई वर्ष पहले की बात है। मैं ताँगे में उतरकर भीतर आ रही थी और भूरे कपड़े का गट्ठर बायें कन्धे के सहारे पीठ पर लटकाये हुए और दाहिने हाथ में लोहे का गज घुमाता हुआ चीनी फेरीवाला फाटक से बाहर निकल रहा था। सम्भवतः मेरे घर को बन्द पाकर वह लौटा जा रहा था। 'कुछ लेगा मेम साब'–दुर्भाग्य का मारा चीनी। उसे क्या पता कि यह सम्बोधन मेरे मन में रोष की सबसे तुंग तुरंग उठा देता है। मइया, माता, जीजी, दिदिया, बिटिया आदि न जाने कितने सम्बोधनों से मेरा परिचय है और सब मुझे प्रिय हैं, पर यह विजातीय सम्बोधन मानो सारा परिचय छीनकर मुझे गाउन में खड़ा कर देता है। इस सम्बोधन के उपरान्त मेरे पास से निराश होकर न लौटना असम्भव नहीं तो कठिन अवश्य है।

मैंने अवज्ञा से उत्तर दिया, 'मैं विदेशी–फॉरेन...नहीं खरीदती।' 'हम फॉरेन है? हम तो चाईना से आता है' कहने वाले के कण्ठ में सरल विस्मय के साथ

उपेक्षा की चोट से उत्पन्न चोट भी थी। इस बार रुककर, उत्तर देने वाले को ठीक से देखने की इच्छा हुई। धूल से मटमैले सफेद किरमिच के जूते में छोटे पैर छिपाये, पतलून और पैजामे का सम्मिश्रित परिणाम जैसा पजामे और कुरते तथा कोट की एकता के आधार पर सिला कोट पहने, उधड़े हुए किनारों से पुरानेपन की घोषणा करते हुए हैट से आधा माथा ढके, दाढ़ी-मूँछ विहीन दुबली-नाटी जो मूर्ति खड़ी थी वह तो शाश्वत चीनी है उसे सबसे अलग करके देखने का प्रश्न जीवन में पहली बार उठा।

मेरी उपेक्षा से उस विदेशी को चोट पहुँची, यह सोचकर मैंने अपनी 'नहीं' को और अधिक कोमल बनाने का प्रयास किया, 'मुझे कुछ नहीं चाहिए भाई!' चीनी भी विचित्र निकला, 'हमको भाय बोला है तब जरूल लेगा,' जरूल लेगा—हाँ?, होम करते हाथ जला वाली कहावत हो गयी, विवश कहना पड़ा, 'देखूँ तुम्हारे पास है क्या?, चीनी बरामदे में कपड़े का गट्ठर उतारता हुआ कह चला, 'भोत अच्छा सिल्क लाता है सिस्तर! चाइना सिल्क, क्रेप।, बहुत कहने-सुनने के उपरान्त दो मेजपोश खरीदना आवश्यक हो गया। सोचा—चलो छुट्टी हुई। इतनी कम बिक्री होने के कारण चीनी अब कभी इस ओर आने की भूल न करेगा।

पर कोई पन्द्रह दिन बाद वह बरामदे में अपनी गठरी पर बैठकर गज को फर्श पर बजा-बजाकर गुनगुनाता हुआ मिला। मैंने उसे कुछ बोलने का अवसर न देकर व्यस्त भाव से कहा, 'अब तो मैं कुछ न लूंगी। समझे?' चीनी खड़ा होकर जेब से कुछ निकालता हुआ प्रफुल्ल मुद्रा से बोला, 'सिस्तर का वास्ते हैंकी लाता है—भोत बेस्त, सब सेल हो गया। हम इसको पाकेत में छिपा के लाता है।'

देखा, कुछ रूमाल थे। ऊदी रंग के डोरे से भरे हुए किनारों का हर घुमाव और कोनों में उसी रंग से बने नन्हे फूलों की प्रत्येक पंखुड़ी चीनी नारी की कोमल उंगलियों की कलात्मकता ही नहीं व्यक्त कर रही थी, जीवन के अभाव की करुण कहानी भी कह रही थी। मेरे मुख के निषेधात्मक भाव को लक्ष्य कर अपनी नीली रेखाकृति आँखों को जल्दी-जल्दी बन्द करते और खोलते हुए वह एक साँस में 'सिस्तर का वास्ते लाता है, सिस्तर का वास्ते लाता है,' दोहराने-तिहराने लगा।

मन में सोचा, अच्छा भाई मिला है। बचपन में मुझे लोग चीनी कहकर चिढ़ाया करते थे। सन्देह होने लगा उस चिढ़ाने में कोई तत्त्व भी रहा होगा। अन्यथा आज यह सचमुच का चीनी, सारे इलाहाबाद को छोड़कर मुझसे बहिन का सम्बन्ध क्यों जोड़ने आता। पर उस दिन से चीनी को मेरे यहाँ जब-तब आने का विशेष अधिकार प्राप्त हो गया। चीन का असाधरण श्रेणी का व्यक्ति भी कला के सम्बन्ध में विशेष अभिरुचि रखता है, इसका पता भी उसी चीनी की परिष्कृत रुचि में मिला।

नीली दीवार पर किस रंग के चित्र सुन्दर जान पड़ते हैं, हरे कुशन पर किस

प्रकार के पक्षी अच्छे लगते हैं, सफेद पर्दे के कोनों में किस बनावट के फूल-पत्ते खिलेंगे आदि के विषय में उतनी ही जानकारी रखता था जितनी किसी अच्छे कलाकार में मिलेगी। रंग से उसका अति परिचय यह विश्वास उत्पन्न कर देता था कि वह आँखों पर पट्टी बांध देने पर भी केवल स्पर्श से रंग पहचान लेगा।

चीन के वस्त्र, चीन के चित्र आदि की रंगमयता देखकर भ्रम होने लगता है कि वहाँ की मिट्टी का हर कण भी इन्हीं रंगों से रँगा हुआ न हो। चीन देखने की इच्छा प्रकट करते ही 'सिस्तर का वास्ते हम चलेगा' कहते-कहते चीनी की आँखों की नीली रेखा प्रसन्नता से उजली हो उठती थी।

अपनी कथा सुनाने के लिए भी वह विशेष उत्सुक रहा करता था पर कहने-सुनने वाले के बीच की खाई बहुत गहरी थी। उसे चीनी और बर्मी भाषाएँ आती थीं जिनके सम्बन्ध में अपनी सारी विद्या-बुद्धि के साथ मैं आँखों के अन्धे नाम नैनसुख, की कहावत चरितार्थ करती थी। अंग्रेजी की क्रियाहीन संज्ञाएँ और हिन्दुस्तानी की संज्ञाहीन क्रियाओं के सम्मिश्रण से जो विचित्र भाषा बनती थी उसमें कथा का सारा मर्म बँध नहीं पाता था। पर जो कथाएँ हृदय का बाँध तोड़कर, दूसरों को अपना परिचय देने के लिए बह निकलती हैं, वे प्रायः करुण होती हैं और करुण होती हैं और करुण की भाषा शब्दहीन रहकर भी बोलने में समर्थ है। चीनी फेरीवाले की कथा भी इसका अपवाद नहीं।

जब उसके माता-पिता ने माँडले आकर चाय की छोटी दूकान खोली तब उसका जन्म नहीं हुआ था। उसे जन्म देकर और सात वर्ष की बहिन के संरक्षण में छोड़कर जो परलोक सिधारी, उस अनदेखी माँ के प्रति चीनी की श्रद्धा अटूट थी।

सम्भवतः माँ ही ऐसा प्राणी है जिसे कभी न देख पाने पर भी मनुष्य ऐसे स्मरण करता है जैसे उसके सम्बन्ध में कुछ जानना बाकी नहीं। यह स्वाभासविक भी है।

मनुष्य को संसार से बाँधनेवाला विधाता माँ ही है, इसी से उसे न मानकर संसार को न मानना सहज है पर संसार को मानकर उसे न मानना असम्भव ही रहता है।

पिता ने जब दूसरी बर्मीचीनी स्त्री को गृहिणी-पद पर अभिषिक्त किया तब उन मातृहीनों की यातना की कठोर कहानी आरम्भ हुई। दुर्भाग्य इतने से ही संतुष्ट नहीं हो सका क्योंकि उसके पाँचवें वर्ष में पैर रखते न रखते एक दुर्घटना में पिता ने भी प्राण खोये।

अन्य अबोध बालकों के समान उसने सहज ही अपनी परिस्थितियों से समझौता

कर लिया, पर बहिन और विमाता में किसी प्रस्ताव को लेकर जो वैमनस्य बढ़ रहा था, वह इस समझौते को उत्तरोत्तर विषाक्त बनाने लगा। किशोरी बालिका की अवज्ञा का बदला उसी को नहीं, उसके अबोध भाई को कष्ट देकर भी चुकाया जाता था। अनेक बार उसने ठिठुरती हुई बहिन की कम्पित उँगलियों में अपना हाथ रख, उसके मलिन वस्त्रों में अपना आँसुओं से धुला मुख छिपा और उसकी छोटी-सी गोद में सिमटकर भूख भुलायी थी। कितनी ही बार सवेरे, आँख मूँदकर बन्द द्वार के बाहर दीवार से टिकी हुई बहिन के ओस से गीले बालों में, अपनी ठिठुरी हुई उँगलियों को गर्म करने का व्यर्थ प्रयास करते हुए, उसने पिता के पास जाने का रास्ता पूछा था। उत्तर में बहिन के फीके गाल पर चुपचाप ढुलक आने वाले आँसू की बड़ी बूँद देखकर वह घबराकर बोल उठा था—उसे कहवा नहीं चाहिए वह तो पिता को देखना भर चाहता था।

कई बार पड़ोसियों के यहाँ रकाबियाँ धोकर और काम के बदले भात माँगकर बहिन ने भाई को खिलाया था। व्यथा की कौन-सी अन्तिम मात्रा ने बहिन के नन्हे हृदय का बाँध तोड़ डाला, इसे अबोध बालक क्या जाने। पर एक रात उसने बिछौने पर लेटकर बहिन की प्रतीक्षा करते-करते आधी आँख खोली और विमाता को कुशल बाजीगर की तरह, मैली-कुचैली बहिन का कायापलट करते देखा। उसके सूखे ओठों पर विमाता की मोटी उँगली ने दौड़-दौड़कर लाली फेरी, उसके फीके गालों पर चौड़ी हथेली ने घूम-घूमकर सफेद गुलाबी रंग भरा, उसके रूखे बालों को कठोर हाथों ने घेर-घेरकर सँवारा और तब नये रंगीन वस्त्रों में सजी हुई उस मूर्ति को एक प्रकर से ठेलती हुई विमाता रात के अन्धकर में बाहर अन्तर्हित हो गयी।

बालक का विस्मय भय में बदल गया और भय ने रोने में शरण पायी—कब यह रोते-रोते सो गया इसका पता नहीं, पर जब वह किसी के स्पर्श से जागा तो बहिन उस गठरी बने हुए भाई के मस्तक पर मुख रखकर सिसकियाँ रोक रही थी। उस दिन उसे अच्छा भोजन मिला, दूसरे दिन कपड़े, तीसरे दिन खिलौने—पर बहिन के दिनोंदिन विवर्ण होनेवाले ओठों पर अधिक गहरे रंग की आवश्यकता पड़ने लगी, उसके उत्तरोत्तर फीके पड़ने वाले गालों पर देर तक पाउडर मला जाने लगा।

बहिन के छीजते शरीर और घटती शक्ति का अनुभव बालक करता था, पर वह किससे कहे, क्या करे, यह उसकी समझ के बाहर की बात थी। बार-बार सोचता था पिता का पता मिल जाता तो सब ठीक हो जाता। उसके स्मृतिपट पर माँ की कोई रेखा नहीं, परन्तु पिता का जो अस्पष्ट चित्र अंकित था उससे उनके स्नेहशील होने में सन्देह नहीं रह जाता। प्रतिदिन निश्चय करता कि दूकान में आनेवाले प्रत्येक व्यक्ति से पिता का पता पूछेगा और एक दिन चुपचाप उनके पास पहुँच

और उसी तरह चुपचाप उन्हें घर लाकर खड़ा कर देगा—तब यह विमाता कितनी डर जाएगी और बहिन कितनी प्रसन्न होगी।

चाय की दूकान का मालिक अब दूसरा था, परन्तु पुराने मालिक के पुत्र के साथ उसके व्यवहार में सहृदयता कम नहीं रही, इसी से बालक एक कोने में सिकुड़कर खड़ा हो गया और आनेवालों से हकला-हकलाकर पिता का पता पूछने लगा। कुछ न उसे आश्चर्य से देखा, कुछ मुस्करा दिये, पर दो-एक ने दूकानदार से कुछ ऐसी बात कही जिससे वह बालक को, हाथ पकड़ कर बाहर ही नहीं छोड़ आया, इस भूल की पुनरावृत्ति होने पर विमाता से दण्ड दिलाने की धमकी भी दे गया। इस प्रकार उसकी खोज का अन्त हुआ।

बहिन का सन्ध्या होते ही कायापलट, फिर उसका आधी रात बीत जाने पर भारी पैरों से लौटना, विशाल शरीरवाली विमाता का जंगली बिल्ली की तरह हलके पैरों से बिछौने से उछलकर उतर आना, बहिन के शिथिल हाथों से बटुये का छिन जाना और उसका भाई के मस्तक पर मुख रखकर स्तब्ध भाव से पड़ रहना आदि क्रम ज्यों-के-त्यों चलते रहे।

पर एक दिन बहिन लौटी ही नहीं। सवेरे विमाता को कुछ चिन्तित भाव से उसे खोजते देख बालक सहसा किसी अज्ञात भय से सिहर उठा। बहिन—उसकी एकमात्र आधार बहिन। पिता का पता न पा सका और अब सहिन भी खो गयी। वह जैसा था वैसा ही बहिन को खोजने के लिए गली-गली में मारा-मारा फिरने लगा। रात में वह जिस रूप में परिवर्तित हो जाती थी उसमें दिन को उसे पहचान सकना कठिन था, इसी से वह जिसे अच्छे कपड़े पहने हुए जाता देखता उसी के पास पहुँचने के लिए सड़क के एक ओर से दूसरी ओर दौड़ पड़ता। कभी किसी से टकराकर गिरते-गिरते बचता, कभी किसी से गाली खाता, कभी कोई दया से प्रश्न कर बैठता— क्या इतना जरा-सा लड़का भी पागल हो गया है?

इसी प्रकार भटकता हुआ वह गिरहकटों के गिरोह के हाथ लगा और तब उसकी दूसरी शिक्षा आरम्भ हुई। जैसे लोग कुत्ते को दो पैरों से बैठना, गर्दन ऊँची कर खड़ा होना, मुँह पर पंजे रखकर सलाम करना आदि करतब सिखाते हैं, उसी प्रकार वे सब उसे तम्बाखू के धुएँ और दुर्गन्धित साँस से भरे आरै फटे चिथड़े, टूटे बरतन और मैले शरीरों से बसे हुए कमरे में बन्द कुछ विशेष संकेतों और हँसने-रोने के अभिनय में पारंगत बनाने लगे।

कुत्ते के पिल्ले के समान ही वह घुटनों के बल खड़ा रहता और हँसने-रोने की विविध मुद्राओं का अभ्यास करता। हँसी का स्रोत इस प्रकार सूख चुका था कि अभिनय में भी वह बार-बार भूल करता और मार खाता। पर क्रन्दन उसके भीतर इतना अधिक उमड़ा रहता था कि जरा मुँह बनाते ही दोनों आँखों से दो

गोल-गोल बूँदे नाक के दोनों ओर निकल आती और पतली समानान्तर रेखा बनाती और मुँह के दोनों सिरों को छूती हुई ठुड्डी के नीचे तक चली जातीं। इसे अपनी दुर्लभ शिक्षा का फल समझकर, रोओं से काले उदर पर पीला सा रंग बाँधने वाला उसका शिक्षक प्रसन्नता से उछलकर उसे एक लात जमाकर पुरस्कार देता।

वह दल बर्मी, चीनी, श्यामी आदि का सम्मिश्रण था, इसी से 'चोरों की बारात में अपनी-अपनी होशियारी' के सिद्धान्त का पालन बड़ी सतर्कता से हुआ करता। जो उस पर कृपा रखते थे उनके विरोधियों का सन्देह-पात्र होकर पिटना भी उसका परम कर्तव्य हो जाता था। किसी की कोई वस्तु खोते ही उस पर सन्देह की ऐसी वृष्टि आरम्भ होती कि बिना चुराये ही वह चोर के समान काँपने लगता। और तब उस 'चोर के घर छिछोर' की जो मरम्मत होती थी उसका स्मरण करके चीनी की आँखें आज भी व्यथा और अपमान से धक-धक जलने लगती थीं।

सबके खाने के पात्र में बचा उच्छिष्ट एक तामचीनी के टेढ़े-मेढ़े बरतन में, सिगार से जगह-जगह जले हुए कागज से ढककर रख दिया जाता था जिसे वह हरी आँखोंवाली काली बिल्ली के साथ मिलकर खाता था।

बहुत रात गये तक उसके नरक के साथी एक-एक कर आते रहते और अँगीठी के पास सिकुड़कर लेटे हुए बालक को ठुकराते हुए निकल जाते। उनके पैरों की आहट को पढ़ने का उसे अच्छा अभ्यास हो चला था। जो हल्के पैरों को जल्दी-जल्दी रखता हुआ आता है उसे बहुत कुछ मिल गया है, जो शिथिल पैरों को घसीटता हुआ लौटता है वह खाली हाथ है, जो दीवार को टटोलता हुआ लड़खड़ाते पैरों से बढ़ता है वह शराब में सब खोकर बेसुध आया है, जो देहली से ठोकर खाकर धम-धम पैर रखता हुआ घुसता है उसने किसी से झगड़ा मोल ले लिया है, आदि का ज्ञान उसे अनजान में ही प्राप्त हो गया था।

यदि दीक्षान्त संस्कार के उपरान्त विद्या के उपयोग का श्रीगणेश होते ही उसकी भेंट पिता के परिचित एक चीनी व्यापारी से न हो जाती तो इस साधना से प्राप्त विद्वत्ता का क्या अन्त होता, यह बताना कठिन है। पर संयोग ने उसके जीवन की दिशा को इस प्रकार बदल दिया कि वह कपड़े की दूकान पर व्यापारी की विद्या सीखने लगा।

प्रशंसा के पुल बाँधते-बाँधते वर्षों पुराना कपड़ा सबसे पहले उठा लाना, गज से इस तरह नापना कि जौ बराबर भी आगे न बढ़े चाहे अंगुल भर पीछे रह जाए, रुपये से लेकर पाई तक को खूब देखभाल कर लेना और लौटाते समय पुराने खोटे पैसे विशेष रूप से खनका-खनका कर दे डालना आदि का ज्ञान कम रहस्यमय नहीं था। पर मालिक के साथ भोजन मिलने के कारण बिल्ली के संग उच्छिष्ट सहभोज की आवश्यकता नहीं रही और दूकान में सोने की व्यवस्था होने से अंगीठी

के पास ठोकरों से पुरस्कृत होने की विवशता जाती रही। चीनी छोटी अवस्था में ही समझ गया था कि धन-संचय से सम्बन्ध रखने वाली सभी विद्याएँ एक-सी हैं, पर मनुष्य किसी का प्रयोग प्रतिष्ठापूर्वक कर सकता है और किसी का छिपाकर।

कुछ अधिक समझदार होने पर उसने अपनी अभागी बहिन को ढूँढ़ने का बहुत प्रयत्न किया, पर उसका पता न पा सका। ऐसी बालिकाओं का जीवन खतरे से खाली नहीं रहता। कभी वे मूल्य देकर खरीदी जाती हैं और कभी बिना मूल्य के गायब कर दी जाती हैं। कभी वे निराश होकर आत्महत्या कर लेती हैं और कभी शराबी ही नशे में उन्हें जीवन से मुक्त कर देते हैं। उस रहस्य की सूत्रधारिणी विमाता भी सम्भवतः पुनर्विवाह कर किसी और को सुखी बनाने के लिए कहीं दूर चली गयी थी। इस प्रकार उस दिशा में खोज का मार्ग ही बन्द हो गया।

इसी बीच में मालिक के काम से चीनी रंगून आया, फिर दो वर्ष कलकत्ते में रहा और तब अन्य साथियों के साथ उसे इस ओर आने का आदेश मिला। यहां शहर में एक चीनी जूतेवाले के घर ठहरा है और सवेरे आठ से बारह और दो से छः बजे तक फेरी लगाकर कपड़े बेचता रहता है।

चीनी की दो इच्छाएँ हैं, ईमानदार बनने की और बहिन को ढूँढ़ लेने की—जिनमें से एक की पूर्ति तो स्वयं उसी के हाथ में है और दूसरी के लिए वह प्रतिदिन भगवान बुद्ध से प्रार्थना करता है।

बीच-बीच में वह महीनों के लिए बाहर चला जाता था पर लौटते ही 'सिस्तर का वास्ते ई लाता है' कहता हुआ कुछ लेकर उपस्थित हो जाता। इस प्रकार उसे देखते-देखते मैं इतनी अभ्यस्त हो चुकी थी कि जब एक दिन वह 'सिस्तर का वास्ते' कहकर और शब्दों की खोज करने लगा तब मैं उसकी कठिनाई न समझकर हँस पड़ी। धीरे-धीरे पता चला—बुलावा आया है, वह लड़ने के लिए चाइना जाएगा। इतनी जल्दी कपड़े कहाँ बेचे और न बेचने पर मालिक को हानि पहुँचाकर बेईमान कैसे बने! यदि मैं उसे आवश्यक रुपया देकर सब कपड़े ले लूँ तो वह मालिक का हिसाब चुकता कर तुरन्त देश की ओर चल दे।

किसी दिन पिता का पता पूछने जाकर वह हकलाया था— आज भी संकोच से हकला रहा था। मैंने सोचने का अवकाश पाने के लिए प्रश्न किया, 'तुम्हारे तो कोई है ही नहीं फिर बुलावा किसने भेजा?' चीनी के आँखें विस्मय से भरकर पूरी खुल गयीं, हम कब बोला हमारा चाइना नहीं है? हम कब ऐसा बोला सिस्तर? मुझे स्वयं अपने प्रश्न पर लज्जा आयी; उसका इतना बड़ा चीन रहते वह अकेला कैसे होगा।

मेरे पास रुपया रहना ही कठिन है, अधिक रुपये की चर्चा ही क्या? पर कुछ अपने पास खोज-ढूँढ़कर और कुछ दूसरों से उधार लेकर मैंने चीनी के जाने

का प्रबन्ध किया। मुझे अन्तिम अभिवादन कर जब वह चंचल पैरों से जाने लगा तब मैंने पुकार कर कहा, 'यह गज तो लेते जाओ'-चीनी सहज स्मित के साथ घूमकर 'सिस्तर का वास्ते' ही कह सका। शेष शब्द उसके हकलाने में खो गये।

और आज कई वर्ष हो चुके हैं—चीनी को फिर देखने की सम्भावना नहीं, उसकी बहिन से मेरा कोई परिचय नहीं, पर न जाने क्यों वे दोनों भाई-बहिन मेरे स्मृतिपट से हटते ही नहीं।

चीनी की गठरी में से कई थान मैं अपने ग्रामीण बालकों के कुरते बना-बनाकर खर्च कर चुकी हूँ, परन्तु अब भी तीन थान मेरी अलमारी में रखे हैं और लोहे का गज दीवार के कोने में खड़ा है। एक बार जब इन थानों को देखकर एक खादी-भक्त बहिन ने आक्षेप किया था, 'जो लोग बाहर से विशुद्ध खद्दरधारी होते हैं, वे भी विदेशी रेशम के थान खरीदकर रखते हैं, इसी से तो देश की उन्नति नहीं होती' तब मैं बड़े कष्ट से हँसी रोक सकी थी।

वह जन्म का दुखियारा मातृ-पितृहीन और बहिन से बिछुड़ा हुआ चीनी भाई अपने समस्त स्नेह के एकमात्र आधार चीन में पहुँचने का आत्मतोष पा गया है, इसका कोई प्रमाण नहीं—पर मेरा मन यही कहता है।

अमृत राय

(जन्म 1921 – देहावसान 2012)

अमृतराय का जन्म 1921 में हुआ। अमृतराय हिन्दी के प्रसिद्ध उपन्यासकार मुंशी प्रेमचन्द के पुत्र थे। हिन्दी साहित्य जगत् में अमृतराय का नाम उनके द्वारा लिखित प्रेमचन्द की जीवनी 'कलम का सिपाही' के कारण अमर हो गया।

प्रस्तुत अंश 'कलम का सिपाही' जीवनी का अंश है। यह एक सफल जीवनी है। प्रस्तुत अंश द्वारा प्रेमचन्द के व्यक्तित्त्व के गुण पाठकों को ज्ञात होते हैं।

कलम का सिपाही

—अमृत राय

लड़की सयानी हुई या नहीं हुई, यह चीज हमारे यहाँ बहुत कुछ इस पर भी निर्भर होती है कि उसे स्कूल-कालेज की शिक्षा मिल रही है या नहीं। जो लड़की पढ़ रही है उसके शादी-ब्याह के बारे में समाज भी ज्यादा चिन्तित नहीं होता। लेकिन जिस लड़की के साथ ऐसी कोई कैद नहीं है उसके पन्द्रह-सोलह की उम्र तक पहुँचते ही समाज उसके ब्याह को लेकर व्यस्त और चंचल हो उठता है। कहनेवाले कहने लग जाते हैं कि अमुक ने सयानी लड़की बिनब्याही घर में डाल रखी है। लड़की में कहीं कोई ऐब तो नहीं है जो उसका ब्याह नहीं होता! सद्गृहस्थ की असल चिन्ता का कारण यही वाचाल समाज है।

मुंशीजी के बेटी के साथ भी यही बात थी। स्कूल-कालेज की पढ़ाई का सुयोग उसको नहीं मिला—या नहीं दिया गया। कुछ रोज लखनऊ के आर्य महिला विद्यालय में गयी मगर फिर वहाँ से भी उसे छुड़ा लिया गया।

आज जहाँ अनपढ़ लड़की पर उँगलियाँ उठती हैं, चालीस-पैंतालीस साल पहले पढ़ी-लिखी लड़की पर उठा करती थीं। लड़की को पढ़ाना अपने आप में एक क्रान्ति थी।

मुंशीजी भी शायद इस क्रान्ति के लिए तैयार न थे। यह ठीक है कि उनके जीवन की परिस्थितियाँ काफी अव्यवस्थित रहीं। बेटी महोबे में पैदा हुई थी। बस्ती में वह बहुत ही छोटी थी। गोरखपुर में भी छोटी ही थी और जब कुछ-कुछ इस उम्र को पहुँची कि घर में ककहरा और बारहखड़ी पढ़ाने से ज्यादा कुछ पढ़ाने की बात सोची जा सकती, तभी मुंशीजी का गोरखपुर का आबदाना छूट गया।

सरकारी नौकरी से इस्तीफा देते समय मुंशीजी ने सोचा था कि शान्ति से घर बैठेंगे, लिखेंगे-पढ़ेंगे, देशसेवा करेंगे। लेकिन शुरू से ही गरीबी ने पैर में जो चक्कर बाँध दिया था, वह अब भी नहीं छूटा। तंगदस्ती भी बनी रही और दर-दर का भटकना भी बना रहा। कानपुर, बनारस और लखनऊ, किसी जगह जमकर रहना नहीं हो सका। बनारस में बहुत बार शहर छोड़कर देहात में रहना पड़ा जहाँ से लड़की को शहर भेजकर पढ़ाना सम्भव न था। जो कुछ इत्मीनान या आसूदगी मिली वह

लखनऊ में। बेटों की पढ़ाई, जों दोनों अपनी बहन से छोटे थे, वहीं शुरू हुई लेकिन बेटी की पढ़ाई शुरू करने के लिए तब तक ज्यादा देर हो चुकी थी। आधे मन से कुछ कोशिश जरूर हुई लेकिन आधे मन से ही। किस्सा कोताह वह पढ़ नहीं सकी और चूल्हा पकड़े बैठी रही जो कि घर की सयानी लड़की का काम है। माँ उन दिनों बराबर बीमार रहती थीं; सम्भव है, बेटी को स्कूल से हटाकर घर के काम-काज में लगाये रखने का यह भी एक कारण हो।

इन सब के बाद भी यह मानना कठिन है कि बेटी को ठीक से शिक्षा का सुयोग न देने के पीछे और भी कोई कारण नहीं था। जहाँ तक प्रमाण मिलता है–जिसमें उनकी इसी काल की लिखी हुई 'शान्ति'-जैसी कहानियों का प्रमाण भी है–उसका बड़ा कारण यह था कि पढ़ी-लिखी लड़कियों की तरफ से उनके मन में कहीं यह चोर था कि लड़कियाँ पढ़-लिखकर गृहस्थी के काम की नहीं रह जातीं, तितली बनकर यहाँ-वहाँ घूमते रहने में ही उनका जी लगता है! अगर इससे अलग भी कोई बात उनके मन में थी तो वह कमजोर थी और चारों तरफ एक पिछड़ा हुआ समाज था जो लड़कियों की पढ़ाई को अच्छी निगाह से नहीं देखता था। लिहाजा बेटी घर के भीतर और घर के बाहर समाज के पिछड़ेपन का शिकार हुई और मामूली हिन्दी से ज्यादा कुछ न पढ़ सकी।

अब उसके ब्याह का मसला दरपेश था। उन दिनों मुंशी प्रेमचन्द लखनऊ में नम्बर 2 हिवेट रोड के मकान में रहते थे जिसमें आजकल डाक्टर पाठक का होमियोपैथिक दवाखाना है। नीचे मकान-मालिक रहते थे, वहीं पाठक साहब, और ऊपर के दो हिस्सों में किरायेदार। एक में मुंशीजी और दूसरे में हरिनन्द या डाक्टर भट्ट जिनका जिक्र ऊपर आ चुका है।

मुंशीजी ने एक रोज उनसे कहा। उन्होंने सागर जिले के अपने एक सहपाठी प्रभुदयाल से कहा। प्रभुदयाल ने, जो खुद विवाहित थे, अपने एक छोटे मौसेरे भाई का संकेत दिया।

मुंशीजी के फौरन उसी पते पर दशरथलाल साहब को खत लिखा जो वर के बड़े बहनोई थे और घर का सारा काम-काज देखते थे। पत्र कुछ इस प्रकार था–मैं बनारस के पास एक देहात का रहनेवाला, आपकी ही बिरादरी का एक व्यक्ति हूँ। बनारस से चार मील दूर, आजमगढ़ रोड पर एक गाँव है, लमही, मौजा मढ़वाँ, वहीं मेरा मकान है। इन दिनों 'माधुरी' कार्यालय में सम्पादक का काम करके आजीविका चला रहा हूँ। मैं सामाजिक अत्याचारों से सताया हुआ एक व्यक्ति हूँ। इस समय मेरे सामने एक गम्भीर समस्या अपनी लड़की की शादी की है। मुझे ऐसा लगता है कि आपके सहयोग से वह सुलझ सकती है। मेरे कई रिश्तदार यू.पी. में फैले हुए हैं। मैं चाहता हूँ कि आप चिरंजीव वासुदेव प्रसाद के लिए मेरा प्रस्ताव स्वीकार करें। मेरे विषय में और जो कुछ जानना चाहें, लिखिए, सहर्ष उत्तर दूँगा।

यह खत पाकर दशरथलाल साहब ने फौरन जैसा कि घर के बड़े के लिए उचित या प्रभुदयाल साहब को एक खत यह मालूम करने के लिए लिखा कि क्या यह वही मशूहर उपन्यासकार प्रेमचन्द हैं। प्रभुदयाल साहब ने जवाब दिया कि जी हाँ, यह वही मशहूर मुंशी प्रेमचन्द है।

तब फिर दशरथलाल साहब ने कुछ इन विनम्र किन्तु अनुभवसिद्ध शब्दों में मुंशी प्रेमचन्द के खत का जवाब दिया—आपका पत्र मिला। ऐसा पत्र तो सौभाग्य-उदय से ही प्राप्त होता है। आपने अपना पूरा परिचय नहीं दिया है पर मुझे पता चल चुका है। सूरज को चिराग लेकर नहीं देखा जाता।

आप ही की तरह मुझ पर भी यह एक महान उत्तरदायित्व है और उससे मुझे उबार लेने के लिए आपका सहयोग भी उतना ही आवश्यक है।

यह अवश्य बता देना चाहता हूँ कि यह देहात है, सामाजिक कुरीतियों का अभाव यहाँ भी नहीं है यद्यपि मुझे और अनुमानतः मेरी सास साहबा को भी इसकी ज्यादा परवाह नहीं है। तो भी इस घर के इतिहास, उसकी प्रतिष्ठा और मर्यादा के प्रकाश में, मेरे कर्तव्यपालन में कुछ विशेषताएँ रहेंगी और मुझे आशा है कि आप उसकी सुविधा मुझे देंगे। अतः मुझे पहले से मालूम हो जाना चाहिए कि शादी में आप कितना खर्च करना चाहते हैं और उस खर्चे का कितना हिस्सा ऐसा होगा जिससे मुझे व्यावहारिक सहायता मिल सकेगी। और यह भी स्पष्ट कर देना चाहता हूँ कि यह किसी रईस का घर नहीं है। साधारण जमींदारी परिवार है और लड़का अपने घर का आप मालिक है। हाँ, दाल-रोटी का सुख उसे अवश्य प्राप्त है।

बातचीत का सिलसिला शुरू हुआ। चिट्ठियाँ दौड़ने लगीं। फिर बाबू दशरथ लाल, अपने एक अन्तरंग सखा के साथ किसी बहाने से लखनऊ भी पहुँच गये ...और बातों-बातों में लड़की को देखने की इच्छा भी व्यक्त की।

मुंशीजी अन्दर गये। पत्नी से कहा कि वह लोग लड़की देखना चाहते हैं। पत्नी ने कहा—ठीक है, वह लोग लड़की देखना चाहते हैं तो हम लोग दिखायेंगे लेकिन घर पर नहीं दिखायेंगे।...फिर जब मुंशीजी उठकर बाहर जाने लगे तो उनकी पत्नी ने स्त्री की सहज व्यवहार-बुद्धि से पूछा—अरे उन लोगों का मुँह-वुँह भी कुछ मीठा करोगे कि यों ही...

घर में उस समय और कोई न था इसलिए मुंशीजी खुद ही गये और पास के एक हलवाई के यहाँ से मिठाई ले आये।

मुँह मीठा होने के बाद यह तय पाया कि अगले रोज दोपहर को तीन बजे आप लोग अजायबघर पहुँच जाइएगा, हम लोग भी लड़की को लेकर पहुँच जायेंगे। वहाँ हम लोग आपस में पुराने मुलाकातियों-जैसी बातें करेंगे और फिर वहीं से बनारसीबाग चलेंगे, चिड़ियाघर, और सब देख-दाखकर साथ-साथ घर लौटेंगे। इतनी

देर में आपको काफी मौका लड़की को देखने और समझने का मिल जायगा।

सब कुछ हुआ, और जैसे कि इस बातचीत में थोड़ी-सी बदमजगी भी एक जरूरी चीज हो, वह भी हुई। लड़का खुद लड़की को देखे, इस बात को लेकर। मुंशीजी ने उसके लिए कतई इनकार कर दिया और दो-एक तेज चिट्ठियों का विनिमय भी हुआ। आखिर बाबू दशरथलाल ही को झुकना पड़ा और तान इस पर टूटी कि लड़के की माँ और बहन जाकर लड़की को देख लें।

लेकिन जिस चीज ने मुंशीजी का मन अपने होनवाले दामाद की तरफ बहुत नर्म बना दिया था वह थी उसकी एक चिट्ठी जिसकी नकल दशरथलाल साहब ने भेजी थी—शादी मुझे मंजूर है। इसका ख़याल रहे कि जिस घर में मेरी शादी हो वह घर दिवालिया न किया जाय। शादी-ब्याह एक दिन का रिश्ता नहीं, हमारा-उनका यह तीन पुश्तों का रिश्ता होगा। इसलिए आप उनको दिवालिया न कीजिएगा।...

खानदान भी कोई ऐसा-वैसा नहीं था। वासुदेव के पिता मुंशी भवानी प्रसाद कस्बा मदारीपुर, जिला जालौन, यू.पी. के रहनेवाले थे। दो साल की अवस्था में ही उनके पिता की मृत्यु हो गयी। तब उनके मामा जो मौजा कपुर्दा, जिला छिन्दवाड़ा, सी.पी. के रहनेवाले थे उनको अपने साथ लिवा ले गये और वहीं उनकी शिक्षा-दीक्षा हुई। शासन-व्यवस्था उन दिनों की बहुत अस्त-व्यस्त थी। उनके मामा कुछ लोगों की शरारत से एक कत्ल के मुकदमे में फँस दिये गये और कालेपानी की सजा पा गये। फिर मुंशी भवानीप्रसाद की शादी देवरी, जिला सागर, के लाला मन्नूलाल की इकलौती लड़की से हुई। संयोग की बात कि लाला मन्नूलाल 1857 के कुछ बाद, जब कि वह लगान की वसूली पर गये हुए थे, मार डाले गये। अब घर में उनकी बेवा के सिवा और कोई न था, इस ख़्याल से मुंशी भवानीप्रसाद को देवरी बुला लिया गया। देवरी के अलावा और भी पाँच-छह गाँव उनकी मिल्कियत में थे। मुंशी भवानीप्रसाद ही उन सब का इन्तजाम करते रहे और विरासतन भी जायदाद उन्हीं को मिली।

मुंशी भवानी प्रसाद बड़े धार्मिक व्यक्ति थे। सवेरे चार बजे उठकर स्नान करते थे और गाय की पूजा करते थे। फिर मन्दिर जाकर पुजारी की पूजा करते थे और उसके उपरान्त श्री देव मुरलीधर की पूजा करते थे जिनके नाम पर देवरी का कस्बा बहुत पहले से वक़्फ़ था।

वह म्युनिसपिल्टी के उप-सभापति थे, आनरेरी मजिस्ट्रेट थे, आर्म्स ऐक्ट से मुस्तसना थे यानी उनको हथियार रखने की आजादी थी। लेन-देन में वह बहुत साफ थे और अपने व्यक्तित्त्व और शिष्ट व्यवहार के कारण जनता के बीच और सरकारी क्षेत्रों में उनका एक-सा मान था। अर्द्ध-सरकारी पत्र व्यवहार में 'देवरी के गवर्नर' के नाम से उनका उल्लेख होता था और जनता उन्हें 'सरकार' कहकर पुकारती थी। यह

उनके पद से अधिक उनके व्यक्तित्त्व का ही सम्मान था।

धर्मप्रचार में उनकी बड़ी रुचि थी। इसी प्रसंग में वह अक्सर उस समय के बड़े-बड़े विद्वानों जैसे पं. ज्वाला प्रसाद मिश्र, पं. दीनदयाल वाणीभूषण, स्वामी हंसस्वरूप आदि को बुलाकर उनके व्याख्यान कराया करते थे। कट्टर सनातन-धर्मी होने के नाते उन्होंने 'सत्यार्थ प्रकाश' के खंडन में एक पुस्तक भी लिखी—दयानन्द-मत-विद्रावण। इसी तरह की एक पुस्तक उन्होंने और लिखी—भास्कराभास निवारण। उनके पुस्तकालय में चारों वेद, अठारहों पुराण, छः शास्त्र और उनकी अनेक टीकाएँ, महाभारत, वाल्मीकि रामायण, निर्णय-सिन्धु और धर्म-सिन्धु आदि पुस्तकें दूर-दूर से मँगाकर एकत्र की गयी थीं।

सन् 1905 में बंगभंग आन्दोलन के समय जो राजनीतिक लहर उठी उसने उनको भी अपने साथ लपेट लिया। उस आन्दोलन के साथ-साथ, जैसा कि विदित है, स्वदेशी का आन्दोलन, विदेशी वस्तुओं के बहिष्कार का आन्दोलन, मद्य-निषेध और विदेशी चीनी के परित्याग का आन्दोलन भी धीरे-धीरे उठ खड़ा हुआ।

जब यह चीज कुछ जड़ पकड़ने लगी तो अंग्रेज अधिकारियों के कान खड़े हुए। उनकी तहकीकात शुरू हुई और उनका सबसे पहला वार, जैसा कि उचित ही था, मुंशी भवानीप्रसाद पर हुआ। उनके विरुद्ध सबसे बड़ा प्रमाण रुड़की के हीरालाल गुप्त द्वारा प्रकाशित 'विलायती चीनी से धर्मनाश होता है' नामक पुस्तक थी जिसकी पुश्त पर इस आशय की कुछ बात छपी थी कि हम देवरी के मुंशी भवानी प्रसाद का साधुवाद करते हैं जिन्होंने प्रचारार्थ इस पुस्तक की 1000 प्रतियाँ मँगायीं। इसी प्रकार उन्होंने लोकमान्य तिलक की लिखी हुई 'स्वदेशी और बायकाट' भी बड़ी संख्या में मँगवायी और लोगों में बाँटी। तभी, सुनते हैं कि लोकमान्य तिलक से उनका पत्रव्यवहार भी हुआ जिसमें अधिकतर राजनैतिक और धार्मिक प्रश्नों की चर्चा रहा करती थी। घर की तलाशी में पुलिस को लोकमान्य तिलक के कुछ पत्र भी मिले थे।

मुकदमे की दूसरी पेशी देवरी से 16 मील दूर एक निर्जन स्थान में रखी गयी—ताकि लोग वहाँ न पहुँच सकें और कोई बलवा न हो। वहाँ उनसे बाईस हजार रुपये नकद की जमानत माँगी गयी— और लोगों को बड़ा आश्चर्य हुआ। जबकि वहाँ से तीस मील दूर रहनेवाले एक सुनार ने, जो और बहुत से तमाशाइयों के साथ वहीं खड़ा था, जमानत की इतनी बड़ी रकम देना मंजूर किया। लेकिन किसी वजह से जमानत उस वक्त नहीं ली गयी और बाद को अपील करने पर जमानत की रक़म घटकर दो हज़ार रह गयी। यह जमानत एक साल के लिए देनी पड़ी और यह एक साल का समय देवरी से बाहर रहकर गुजारना पड़ा।

इस फैसले की अपील जबलपुर के सेशन जज के यहाँ की गयी पर जमानत बहाल रही और अन्त में जुडिशल कमिश्नर के यहाँ अपील हुई। जुडिशल कमिशनर स्टीवेन्स नाम का एक आयरिश आदमी था। उसने बड़ी हिम्मत से काम लिया जो

ऐसे एक मुकदमें में, जो कि शायद प्रान्त का पहला राजद्रोह का मुकदमा था और जिसकी जड़ें इतनी दूर-दूर तक पहुँचती थीं कि उसमें नासिक और माण्डले की जेलों में लोकमान्य तिलक तक की गवाही रिकार्ड की गयी मुजरिम की अपील मंजूर की और उसे इज्जत के साथ बरी करते हुए अपने फैसले में लिखा—यह बड़े खेद की बात है कि महज सुनी-सुनायी बातों के आधार पर इतने धर्मभीरु न्यायपरायण, और धर्मात्मा व्यक्ति को इतना ज्यादा सताया और परीशान किया गया।

यह स्टीवेन्स की सरकारी जिन्दगी का आखिरी मुकदमा था। इसके बाद ही वह यहाँ से चला गया।

स्टीवेन्स के फैसले से सरकार काफी मुशिकल में पड़ गयी, उसे बहुत नीचा देखना पड़ा और उसने अपने मुँह की लाज बचाने के ख़याल से मिस्टर क्रास्थवेट को, जो सेटिलमेण्ट कमिश्नर थे, मुंशी भवानी प्रसाद के पास राजीनामे का पैगाम लेकर भेजा। राजीनामे की एक शर्त यह थी कि देवरी के किसी प्रमुख स्थान पर शाही दरबार की यादगार के तौर पर एक चबूतरा बनवा दिया जाय। उसके एवज में मुंशी भवानीप्रसाद के तमाम अख्तियारात और हथियार उन्हें वापस दे देने का वायदा सरकार की तरफ से किया गया। क्रास्थवेट साहब ने उनको समझाया कि यह एक सुनहरा मौका है, इसको हाथ से न जाने दीजिए।

इसके जवाब में मुंशी भवानीप्रसाद ने वही बात कही जिसकी उनसे आशा की जा सकती थी। उन्होंने कहा—मैं भाग्यवादी आदमी हूँ। दो रुपये की मानीटरी से मैंने अपनी जिन्दगी शुरू की थी और भाग्य के ही बल पर आज मैं इतनी बड़ी सरकार का विरोधी स्वीकार किया गया और भाग्य के ही भरोसे इस आक्षेप और दुर्दशा से मुक्त हुआ। अब मुझे कुछ नहीं चाहिए, आप अपना राजीनामा वापस ले जाइए।...

अब क्या बचा जानने-समझने को। दो-चार व्यावहारिक बातें हुईं और शादी तै हो गयी।

बारात बनारस के स्टेशन पर सवेरे आठ बजे पहुँची। वहाँ से पाँच मील दूर लमही जाना था। रास्ता खराब। ईंट के भट्ठेवालों की कृपा से सड़क में तमाम गड्ढे ही गड्ढे। सूखा है तो धुस्सा, बारिश है तो कीचड़—यानी इक्का-बग्घी के फँसाने का और हिचकोलों का बन्दोबस्त दोनों हालतों में अच्छा! शहर से चलने में ही देर हो गयी थी, लमही पहुँचते-पहुँचते शाम हो गयी। जनवासा स्कूल में दिया गया था।

द्वारचार हुआ। बताशे भी फेंके गये, पैसे भी लुटाये गये। लेकिन सब कुछ मुंशीजी के बड़े भाई बलदेव लाल ने किया। द्वारपूजा भी मुंशीजी ने न की।

द्वारचार के बाद जब बारात जनवासे गयी तो उनकी पत्नी ने कहा—द्वार-पूजा आपको करनी चाहिए थी। उन्होंने जवाब दिया—मुझसे ये रस्में न होंगी। पत्नी ने कहा—कन्यादान तो आखिर आपको ही करना होगा?

उन्होंने कहा—कन्यादान कैसा? बेजान चीज दान में दी जाती है। जानदार

चीजों में तो गाय ही दी जा सकती है। फिर लड़की का दान कैसा? यह सब मुझे पसन्द नहीं।

आखिर जब रात को शादी हुई और कन्यादान का अवसर आया तो मुंशीजी उठकर अपनी जगह से नहीं आये। बहुत समझाया गया मगर न माने। आखिरकार डाक्टर भट्ट जाकर उनको जबर्दस्ती गोद में उठा लाये और मण्डप में बैठा दिया। तो भी कन्यादान किया लड़की की माँ ने, मुंशीजी मूर्तिवत् बैठे रहे।

डॉ. बाबासाहब आम्बेडकर

(जन्म 1891–देहावसान 1956)

डॉ. बाबासाहब आंबेडकर जी का जन्म 14 अप्रैल 1891 को मध्यप्रदेश के महु स्थान पर हुआ। आपका पूरा नाम भीमराव रामजी आम्बेडकर था।

बड़ौदा नरेश सयाजीराव गायकवाड के सहयोग से आपने कोलंबिया विश्वविद्यालय से पीएच.डी. की उपाधि प्राप्त की। अम्बेडकर जी ने ज्ञान प्राप्ति के लिए कठोर परिश्रम किये। स्वाधीन भारत के संविधान लेखक के रूप में आप जगत् में प्रसिद्ध हैं। आपने समाज के दलित, शोषित, पीड़ित वर्ग के लिए चेतना की अनमोल संजीवनी प्रदान की। 6 दिसम्बर 1956 को आपने जगत् से अन्तिम बिदाई ली। बाबासाहब आम्बेडकर जी का जीवन समस्त भारतीयों के लिए प्रेरणादायी है।

'बड़ौदा का अनुभव' आम्बेडकर जी की आत्मकथा का अंश है। भारत के अछूतों की स्थिति को यह आत्मकथा अंश उजागर करता है। जो व्यक्ति हिन्दू के लिए अछूत है वह पारसी तथा क्रिश्चियन के लिए भी अछूत है। यह अस्पृश्यता मनुष्य जाति पर लगी कालिख है जो हमारी मनुष्यता समाप्त करती है। अस्पृश्यों के साथ किये जानेवाले दुर्व्यवहार को यह आत्मकथा अंश स्पष्ट करता है।

बड़ौदा का अनुभव

–डॉ. बाबासाहब आम्बेडकर

मैं 1916 में भारत लौटा। बड़ौदा के महाराज ने उच्चशिक्षा हेतु अमेरिका भेजा था। न्यूयार्क के कोलंबिया पीठ में 1913 से 1917 तक मैंने अध्ययन किया। 1917 में मैं लन्दन गया। लन्दन विद्यापीठ के अर्थशास्त्र विषय में स्नातकोत्तर पाठ्यक्रम में प्रवेश लिया। लेकिन 1918 में इसे अधूरा छोड़कर ही मुझे भारत लौटना पड़ा। क्योंकि मेरी शिक्षा के लिए बड़ौदा महाराज ने मेरी मदद की थी, इसलिए उनके राज्य में नौकरी करना मेरे लिए आवश्यक था। इसलिए भारत लौटकर में सीधा बड़ौदा गया। आगे जाकर बड़ौदा संस्थान की नौकरी मैंने क्यों छोड़ी, इसका वर्णन मैं करने जा रहा हूँ। हम अस्पृश्य हैं। मैं पाँच साल के यूरोप और अमेरिका के प्रवास के दौरान यह पूरी तरह भूल गया था कि मैं एक अछूत हूँ और एक अछूत भारत में कहीं पर भी जाए वह अपने लिए एवं दूसरों के लिए समस्या ही होता है। किन्तु बड़ौदा स्टेशन पहुंचते ही अब कहाँ जाना, कौन मुझे स्थान देगा, यह सवाल मेरे सामने खड़ा हुआ। बड़ौदा में अनेक हिन्दू होटल हैं लेकिन वहाँ मुझे कोई स्थान नहीं देगा। मैं अपने बारे में असत्य जानकारी देकर स्थान पा सकता था लेकिन मैं इस बात के लिए तैयार नहीं था। क्योंकि बाद में मैं कौन हूँ यह पता लगने पर इसके क्या गम्भीर परिणाम मुझे भोगने पड़ेंगे, इसकी मुझे पूरी कल्पना थी। अमेरिका में मेरे साथ पढ़ने वाले कुछ विद्यार्थी बड़ौदा में थे। उनके पास जाने पर वे मुझे आसरा देंगे। इसका मुझे विश्वास नहीं था। एक अछूत को घर में रखना उनके लिए परेशानी का कारण हो सकता था।

मैं ऐसा सोचते हुए कुछ समय तक स्टेशन पर खड़ा रहा। मुझे अचानक सूझा कि शहर के कैंप भाग में रहने की सुविधा प्राप्त हो सकती है क्या? यह पूछना चाहिए। तब तक गाड़ी से उतरे हुए सब यात्री चले गये थें। मैं अकेला ही वहाँ खड़ा था। जिन्हें कोई सवारी नहीं मिली थी ऐसे ताँगे वाले मेरी ओर देख रहे थे। उनमें से एक को मैंने बुलाया और पूछा कि कैम्प में कोई होटल है क्या? वहां एक पारसी सराय है और वहाँ यात्रियों के रहने की व्यवस्था भी है। यह सुनकर मैं आशान्वित हो उठा। पारसी जोरेस्टर धर्मावलम्बी होने के कारण वे अस्पृश्यता को नहीं मानते हैं। इसलिए बड़ी आशा से अपना सामान ताँगे में रखा और चल दिया।

पारसी अनुभव

यह सराय दो मंजिला इमारत में स्थित थी। इमारत की निचली मंजिल पर एक अधेड़ पारसी अपने परिवार के साथ रहता था। सराय की देखभाल करना और वहाँ रहने वाले ग्राहकों के भोजन की व्यवस्था देखता था। वहाँ पुहँचते ही पारसी ने मुझे स्थान बताया। तब तक तांगे वाला भी मेरा सामान लेकर आ गया था। मेरे किराया देने पर वह लौट गया। निवास की समस्या आखिरकार हल हो चुकी थी। इसके समाधान में था। थोड़ा आराम कर लूँ, इस विचार से मैंने कपड़े बदले। तब तक वह पारसी हाथ में रजिस्टर लेकर आया। पारसी की वेशभूषा में मुझे न देखकर जोर से बोला, 'तुम कौन हो, यह सराय तो केवल पारसियों के लिए है,' इसकी जानकारी न होने के कारण मैंने कहा कि 'मैं हिन्दू हूँ।' यह सुनकर वह पारसी विचलित-सा हुआ और मैं यहां कैसे रह सकता हूँ। उसने मुझे बताया। उसकी बात सुनकर मैं भौचक्का रह गया। अब कहाँ जाऊँ? यह प्रश्न मुझे भयभीत करने लगा। किसी प्रकार मन को समझाकर मैंने पारसी से कहा मुझे हिन्दू होकर भी यहाँ रहने में कोई आपत्ति नहीं है, तो आपको इस पर क्या आपत्ति है। क्षणभर सोचकर वह बोला, यह कैसे सम्भव है, मुझे तो यहाँ रहने वाले सभी के नाम रजिस्टर में लिखने पड़ते हैं। मैं उसकी परेशानी को समझ गया, और मैंने उसे सुझाया 'तुम चाहो तो मेरा झूठा पारसी नाम लिख सकते हो, यदि इस पर मुझे आपत्ति नहीं है तो आप इसका विरोध क्यों करते हैं। मैं यदि यहाँ रहा तो तुम्हारा भी कुछ फायदा होगा।, ऐसा कहकर मैंने पारसी को ललचाया। मुझे लगा उसकी बात समझ में आ रही है। पहले से ही उस सराय में कई दिनों से कोई ग्राहक आया नहीं था, और कुछ पैसे मिलने का अवसर वह छोड़ेगा नहीं, ऐसा मुझे लगा। मैं उसे रोज डेढ़ रुपया दूँगा और वह पारसी के नाम से रजिस्टर में लिखेगा। इस शर्त पर वह तैयार हो गया। इस प्रकार से इस समस्या से मैंने छुटकारा पाया। मैंने एक लम्बी साँस ली लेकिन इस यह आनन्द कितना अल्पकालीन था, यह मैं सोच नहीं सकता था। लेकिन इस सराय से मेरा वास्ता शीघ्र ही समाप्त होना था। इस प्रसंग के कारण को कहने के पहले मैंने बड़ौदा में कैसे दिन बिताये, इसका वर्णन करना चाहता हूँ।

सराय की पहली मंजिल पर सोने के लिए केवल एक कमरा था। उसके पास ही स्नानगृह था। वहाँ नल लगा हुआ था। बची हुई जगह में एक हॉल था। मैं जब वहाँ रहने गया तब बड़े हॉल में कबाड़ी सामान भरा हुआ था। रोजाना सुबह वह पारसी चाय लेकर ऊपर आता। बाद में लगभग साढ़े नौ बजे नाश्ता लाकर देता और दिन में तीसरी बार शाम को साढ़े आठ बजे मेरा भोजन लेकर आता। इसके अतिरिक्त वह ऊपर आता भी नहीं था।

मजबूरी से सराय में

बड़ौदा स्टेट के एकाउंटेंट जनरल के कार्यालय में प्रशिक्षणार्थी की हैसियत से मेरी नियुक्ति हुई। वहाँ जाने के लिए मैं दस बजे के लगभग सराय से निकलता। जहाँ तक हो सके वापस जल्दी न लौटना पड़े इसलिए शाम को आठ बजे तक मित्रों के साथ समय बिताता था। वहाँ रात को जाने की कल्पना से ही मेरे रोंगटे खड़े हो जाते थे। लेकिन कहीं और स्थान न मिलने के कारण मजबूरी में वहाँ रहना पड़ता था।

उस इमारत के ऊपर की मंजिल पर भोजनालय था। वहां मैं अकेला रहता था। यहाँ बिजली तो दूर दीये की भी व्यवस्था नहीं थी। पारसी व्यवस्थापक मेरे लिए शाम होते ही एक लालटेन लाकर रखता था। लेकिन इसका प्रकाश एक इंच से दूर तक नहीं पहुँच पाता था। किसी अँधेरी कोठरी में रहता हूँ ऐसा मुझे आभास होता रहता था। दूसरे-किसी से बात करने के लिए मैं तरसता था किन्तु वहाँ कोई भी बात करने के लिए नहीं था। अन्त में मैंने पुस्तकों को साथी बनाया। और इसके कारण भयावह एकाकीपन को भूल गया। किन्तु कबाड़े भरे हुए उस हॉल में अनेक चमगादड़ों ने अपने घर बना लिए थे। उनकी फड़फड़ और विचित्र आवाज से मेरे अध्ययन में भी विघ्न उत्पन्न होता और वही भयावह एकाकीपन घिर आता। कई बार मुझे चिढ़ भी आती लेकिन करता क्या, मेरे लिए कोई दूसरा आसरा ही नहीं था। यह सोचकर अपने क्रोध और दुख को दबाकर रखता। मैं इतनी विकट अवस्था में रहता था कि बम्बई से सामान लेकर आया हुआ मेरी बहन का लड़का जोर से रो पड़ा लेकिन मैंने किसी प्रकार समझा-बुझाकर उसे लौटा दिया।

ऐसी परिस्थिति में मैं वहाँ एक पारसी के रूप में रहता था। लेकिन अधिक समय तक यह खेल चालू नहीं रह पाएगा, यह मैं जानता था। इसलिए संस्थान पर एक बंगला प्राप्त हो ऐसे प्रयत्न करता रहता था, किन्तु संस्थान का प्रधानमन्त्री मेरी इस माँग पर शीघ्र विचार करने को तैयार नहीं था। बंगले के लिए दी हुई मेरी अर्जी एक अधिकारी से दूसरे अधिकारी के पास घूमती रही और इसी समय मुझे एक अन्तिम घटना को भोगना पड़ा।

भयानक घटना

सराय में मेरे रहने का यह ग्यारहवाँ दिन था। सुबह का नाश्ता कर, कपड़े पहन कर मैं कार्यालय जाने की तैयारी कर रहा था। पिछले दिन लाई हुई पुस्तकालय की किताब लेकर मैं निकल ही रहा था कि सीढ़ियाँ चढ़ते हुए कई लोगों की जोर से आवाजें आयीं। मुझे लगा इस सराय में ग्राहक आये होंगे। उत्सुकता से कि ये कौन हैं, यह देखने के लिए मैं आगे बढ़ा। हाथ में लाठियाँ लेकर कुछ तगड़े बदन के पारसी मेरे कमरे की ओर आते दिखाई दिये। ये कोई ग्राहक नहीं हैं ऐसा मैं सोच ही रहा था कि वे मेरे दरवाजे को घेरकर मुझसे पूछने लगे, 'तुम कौन हो? तुम यहाँ कैसे

आये? तुम्हारी हिम्मत कैसे हुई पारसी नाम लेकर यहाँ रहने की? बदमाश, तूने पारसियों की सराय को अपवित्र किया है।, मैं उनकी बातें शान्तिपूर्वक सुनता रहा क्योंकि मैं किसी प्रकार का उत्तर नहीं दे सकता था। मैंने जो गलती की थी वह सामने आ चुकी थी। मैं अपना नाटक चालू रखता तो क्रोधित पारसी मुझे मारते और कदाचित मुझे मार ही डालते ऐसा मुझे विश्वास था। किन्तु मेरे चुप रहने से यह सम्भावना नहीं रही। उनमें से एक पारसी ने मुझसे पूछा कि मैं यह सराय कब छोड़ूँगा।

सराय का आसरा मेरे लिए सबसे महत्त्वपूर्ण था और इसे छोड़ने की धमकी दी जा रही थी, अतः मैंने एक सप्ताह और रहने की प्रार्थना की। इसी बीच मेरी अर्जी स्वीकृत होकर मुझे बंगला मिल जाएगा ऐसी मुझे आशा थी। लेकिन वे पारसी मेरी बात सुनने को तैयार ही नहीं थे। उन्होंने मुझे अन्तिम आदेश दिया कि शाम तक मुझे यह सराय छोड़नी होगी। ऐसा न होने पर तुम्हारी हालत ठीक नहीं रहेगी। ऐसी धमकी भी मुझे दी गयी। मैं घबरा गया, और स्वयं पर चिढ़ने लगा और रोने लगा। मुझे सराय का मिला यह आसरा किसी जेल की कोठरी से कम नहीं था, फिर भी मेरे लिए वह मूल्यवान था।

पारसी लोगों के चले जाने के बाद अब क्या करूँ, कुछ समय तक सोचता रहा। मुझे आशा थी कि संस्थान का बंगला मुझे मिलेगा और मेरे रहने की समस्या हल होगी किन्तु तब तक मुझे रहने की अस्थायी व्यवस्था करनी पड़ेगी, यह सोचकर कुछ मित्रों से पूछताछ की जाए ऐसा मैंने निश्चय किया। बड़ौदा में रहने वाले अछूतों से मेरी जान-पहचान नहीं थी। किन्तु शहर में रहने वाले कुछ सवर्ण मित्र थे, उनमें से एक हिन्दू तथा दूसरा धर्मांतरण किया हुआ क्रिश्चियन था। पहले मैं अपने हिंदू मित्र के पास गया और आपबीती उसे सुनाई। वह मेरा अच्छा और सहदय मित्र था। मेरी बात सुनकर उसे दुख हुआ, और कुछ चिढ़ा भी। किन्तु उसने मुझे कहा कि मैं यदि उसके घर रहने गया तो उसके नौकर भाग जाएँगे। मैं उसकी बात समझकर उससे कोई आग्रह न कर सका।

क्रिश्चियन समाज में भी अस्पृश्यता

धमान्तिरित क्रिश्चियन मित्र के पास मुझे रहना पसन्द नहीं था। इसके पहले ही उसने रहने के लिए मुझे बुलाया था लेकिन मैं पारसी सराय में रहना बेहतर समझता था, क्योंकि उसकी कुछ आदतें और स्वभाव मेरी मानसिकता के विरुद्ध था। ऐसी स्थिति में पुनः उसके दरवाजे जाना यानी अपना अपमान कर लेना होता। इसलिए मैं कार्यालय गया किन्तु इस मित्र को स्थान के बारे में न पूछ कर मैं कोई उचित अवसर तो नहीं गँवा रहा हूँ यह शंका मुझे खाए जा रही थी। इसलिए कार्यालय के ही एक अन्य मित्र से सलाह ली और आखिरकार उस धमन्तिरित मित्र से ही मैंने

मिलने का निश्चय किया। मेरे पूछते ही उसने कहा, कल मेरी पत्नी आ रही है, उससे पूछ कर ही मैं कोई निर्णय कर सकूँगा। बाद में मुझे पता लगा कि मुझे टालने के लिए ही उसने ऐसा बहाना किया था। मेरा यह मित्र और उसकी पत्नी मूल रूप से ब्राह्मण थे। धमान्तिरण के बाद उदारमतवादी हो गया था, लेकिन उसकी पत्नी कर्मण विचारों की थी। उसने मेरे जैसे अछूत को कभी भी अपने घर में स्थान देना उचित नहीं समझा। आसरा मिलने की अन्तिम आशा भी समाप्त हो चुकी थी। तब दोपहर के बारह बजने वाले थे। शाम तक मेरे लिए सराय छोड़नी आवाश्यक थी और मेरी मदद करने वाला एक भी मित्र नहीं था। बम्बई वापस लौट जाना ही एकमात्र रास्ता मेरे लिए बचा था।

माता-पिता की याद

बम्बई जाने वाली गाड़ी रात नौ बजे की थी। तब तक समय कैंसे बिताया जाए, सराय में वापस लौटें, या किसी मित्र के पास समय बिताएँ। सराय लौटने पर पारसी लोग मुझे मारेंगे, ऐसा डर मुझे लग रहा था। मित्र के पास तो मुझे जाना ही नहीं था। मैं अत्यन्त करुण अवस्था में सोच रहा था कि किसी को तो मुझ पर दया आएगी। अन्त में पाँच घंटे कामाठी बाग और कैम्प मार्ग की सीमा पर स्थित सार्वजनिक बगीचे में बिताए जाएँ ऐसा निश्चय कर अत्यन्त बेचैन अवस्था में मुझे अपने माता-पिता की याद आई। आठ बजे के लगभग मैं बागीचे से निकला और ताँगे से सराय पहुँचा। पारसी व्यवस्थापक बाहर आया किन्तु हम दोनों ने बात नहीं की। मेरी इस परेशानी का जवाबदार वह पारसी है ऐसा समझकर वह चुप रहा। मैंने उसे पैसे दिये और बिना कुछ कहे वापस लौट गया।

आखिरकार बम्बई की राह

बड़ी आशा से मैं बड़ौदा गया था। वह युद्ध का समय था। भारत सरकार की शिक्षा सेवाओं में अनेक स्थान रिक्त थे। लन्दन के कई बड़े लोगों से मेरा परिचय था। किन्तु इस परिचय का मैंने कोई लाभ नहीं लिया। मेरी शिक्षा के लिए बड़ौदा महाराज ने सहायता दी थी इस कारण उनके राज्य में पहले नौकरी के लिए जाना मेरा कर्त्तव्य है ऐसा मैंने समझा किन्तु केवल ग्यारह दिन बड़ौदा रहकर मजबूरन बड़ौदा छोड़ कर बम्बई आना पड़ा।

लट्ठ लिए हुए एक दर्जन पारसी आक्रामक रूप से मुझे घेरे हुए हैं और मैं भय से काँपते हुए दया की याचना कर रहा हूँ। यह चित्र आज भी मेरी आँखों के सामने स्पष्ट रूप से दिखाई देता है और मेरी आँखों में पानी आ जाता है। जो आदमी हिन्दुओं के लिए अछूत है, वह पारसियों के लिए भी अछूत है। यह इस घटना से सबसे पहले मुझे मालूम पड़ा।

राजेन्द्र यादव

(जन्म 1929–देहावसान 2013)

राजेन्द्र यादव का जन्म उत्तरप्रदेश के आगरा शहर में राजा की मंडी नामक मुहल्ले में मध्यवर्गीय परिवार में 1929 में हुआ। आपने हिन्दी विषय में एम.ए. की उपाधि प्राप्त की। किसी बन्धन में रहना राजेन्द्र यादव को पसन्द नहीं था परिणाम उन्होंने नौकरी करना अस्वीकार किया। नौकरी करने से आत्मसम्मान को ठेस पहुँचती है, संवेदना सीमित हो जाती है यह उनकी धारणा थी।

आपका साहित्यिक योगदान महत्त्वपूर्ण है। 'सारा आकाश', 'उखड़े हुए लोग', 'कुलटा', 'एक इंच मुस्कान' आदि उपन्यास तथा 'रेखाएँ लहरें और परछाइयाँ', 'देवताओं की मूर्तियाँ', 'खेल खिलौने', 'जहाँ लक्ष्मी कैद है', 'अभिमन्यु की आत्महत्या', 'छोटे-छोटे ताजमहल', 'किनारे से किनारे तक', 'टूटना', 'अपने घर' आदि कहानी संग्रह प्रकाशित हो चुके हैं। इसके अतिरिक्त कई समीक्षा ग्रन्थों का लेखन आपने किया है। 'हंस' पत्रिका के सम्पादक के रूप में आपने कार्य किया।

'मेरा हमदम मेरा दोस्त कमलेश्वर' राजेन्द्र यादव द्वारा लिखित रेखाचित्र है। जिसमें कमलेश्वर की चारित्रिक विशेषताओं पर प्रकाश डाला है। कमलेश्वर की लेखन की शैली को स्पष्ट करने के साथ ही कमलेश्वर के स्वभाव की ओर संकेत किया है। कमलेश्वर बड़े ही भावुक व्यक्ति थे। जरा सी उपेक्षा उनमें आत्महत्या की इच्छा जगा देती और जरा सा प्यार उनकी आँखों में आँसू ले आता। अपने विचारों को निर्भीकता से व्यक्त करने की क्षमता कमलेश्वर में थी।

मेरा हमदम, मेरा दोस्त कमलेश्वर

—राजेन्द्र यादव

"कमलेश्वर? कमलेश्वर साला सच बोल ही नहीं सकता..." दुष्यन्त बीड़ी मुँह में लगाकर कहता है। "वह जब गम्भीर हो, तब भी कुछ-न-कुछ 'उछालता' लगता है, उसे छिपाने के लिए ढेर-सा धुआँ नाक से निकालता है—ज़रा-ज़रासी बातों में, और बिना वजह झूठ बोलता है। आप पूछिए—'मद्रास होटल की तरफ़ से आ रहे हो?' तो जवाब देगा—'नहीं, सिन्धिया-हाउस से चला आ रहा हूँ...' सूरत से बदमाश नहीं लगता?" मैं जोर से हँस पड़ता हूँ। दिल्ली में रोहतक रोड पर मैं और दुष्यन्त काफी नजदीकी फासले पर रहते थे और रोज मिलना होता था। एक दिन मैंने उसे समझाने की कोशिश की—"अब तू काफी बड़ा हो गया है। जिम्मेदार पद पर है। अपने अन्दर कुछ सीरियसनेस और सोब्राइटी ला, और यह बचकानी हरकतें बन्द कर। एक तो तेरी शक्ल ही ऐसी है कि गिरहकट और उठाईगीरे का गुमान हो और फिर तेरी यह करतूतें...।" दुष्यन्त ने मुस्कराकर काइयाँ निगाहों से मेरी ओर गौर से देखा कि मैं कितनी गम्भीरता से अपनी बात कह रहा हूँ, और फिर हो-हो करके अपनी मुरादाबादी हँसी हँसने लगा। बस, तभी से उसके दिमाग में बैठ गया कि वह शक्ल से भला आदमी नहीं लगता, और कोई दूसरा यह बात न कह बैठे, इसीलिए खुद दूसरों के बारे में यही कहता फिरता है। सुबह से कमलेश्वर दूसरा शिकार था...

लेकिन कमलेश्वर शक्ल से बदमाश नहीं, शैतान और इण्टेलिजेण्ट लगता है। हो सकता है दुष्यन्त ने कमलेश्वर को 'कैदियों' वाली उस पोशाक में देखकर ऐसा कहा हो जिसे वह गर्व से नाइट-ड्रेस कहता है, या इलाहाबाद में अश्कजी के यहाँ उमेश की शादी पर उसे बाकायदा साबुन और ब्रश लेकर मेरी और राकेश की हजामत बनाते देख लिया हो। लेकिन मूलतः कमलेश्वर बदमाश नहीं, दुष्ट-यानी मिस्चीवियस—अधिक है। शीन काफ से दुरुस्त तलफ्फुज, साफ और तराशी हुई सन्तुलित आवाज, बात को निहायत प्रभावकारी तरीके से कहने की कला, पतले-पतले होंठ, तीखे और फोटोजिनिक नक्श, साँवला रंग और शातिर आँखें...लगता है जैसे आप सचमुच किसी समझदार आदमी से बातें कर रहे हैं—एक हाथ की उँगलियां

खोल-खोलकर मेज पर हाथ पटक-पटककर वह आपको घंटों किसी ऐसी किताब, फिल्म, घटना, कहानी या चीज के बारे में सविस्तार, पूर्ण-आत्मविश्वास से बालाला रहेगा, जिसे न उसने पढ़ा है, न देखा है...और न उसके बारे में उसे कोई जानकारी है।

इसीलिए दुष्यन्त की इतनी बात सच है : कमलेश्वर अव्वल नम्बर का झूठा है। मुँह से जब वह झूठ बोलता है तो एक अच्छी कम्पनी होता है और कलम से बोलता है तो सफल कहानीकार। मुझे कोई आश्चर्य नहीं होगा, अगर वह भी एक दिन कृश्नचन्दर जैसा सफल और पॉपुलर कहानीकार बन बैठे...।[1]

हर झूठा और पढ़ा-लिखा आदमी कहानीकार नहीं हो सकता, वरना आज सारे के सारे प्रयागवासी कवि-आलोचक कहानीकार हो गये होते और उनके चारणों को कहानी भी 'आधुनिक संवेदनाओं को वहन कर सकने वाली विधा' लगने लगी होती।...हाँ, हर कहानीकार को कहीं-न-कहीं झूठ को साधना जरूर पड़ता है। यह न हो तो उसकी कला और फोटोग्राफी में फर्क करना मुश्किल पड़ जाए। लेकिन कमलेश्वर ने झूठ को आदत बना लिया है। अपने एक प्रेम सम्बन्ध को लेकर, साहसहीनता के कारण वह झूठ बोला करता था, आज उसे ऐसे किसी बहाने की आवश्यकता नहीं है। जाने उसके कितने भाई और चाचा हैं, जिनके अक्सर एक्सीडेंट हो जाते हैं और वह अपने एपॉइण्टमेण्ट निभा नहीं पाता। इसके अलावा अपनी तरफ से गढ़-गढ़कर झूठ बोलना, या घटनाओं को बढ़ा-चढ़ाकर नमक-मिर्च लगाकर सुनाना उसकी प्रिय हॉबी है। और उसने हम सबके बारे में कुछ बहुत ही दिलचस्प चुटकुले गढ़ रखे हैं। इन्हें सुना-सुनाकर अक्सर वह महफिलों में कहकहे बटोरता है और 'खिंचाई करने' का आनन्द पाता है—'उखड़े हुए लोग और राजेन्द्र यादव का इलाहाबाद आगमन', 'दुष्यन्त जी इण्टरव्यू देने दिल्ली पहुँचे', 'मार्कण्डेय की लोक-गीत मण्डली', 'राकेश का विरोधी कैम्पों में मेल कराने का प्रयत्न'... इत्यादि दर्जनों चण्डूखाने क किस्से उससे आप सुन लीजिए। इनका उद्देश्य केवल दूसरों की टांग खींचकर मजा लेना है, लेकिन जिन लोगों से उसकी लगती है उनके किस्सों में जहरीला डंक देना भी वह जानता है।

मेरा व्यक्तिगत परिचय कमलेश्वर से उन दिनों हुआ, जब दुष्यन्त, मार्कण्डेय और कमलेश्वर का त्रिशूल, त्रिवेणी का त्रास बना हुआ था। इन तीनों में सबसे छोटे कद के, साफ कुर्ता-पाजामा पहने लड़के से लगने वाले कमलेश्वर को ही मैंने सबसे अधिक जिन्दादिल वार्तालापकर्ता के रूप में पाया। आज जैसी टेढ़ी और सी. आई.डी इंस्पेक्टर वाली शातिर निगाहें तब उसके पास नहीं थी और देखने में मासूम लगता था; लेकिन बहुत ही हाजिर-जवाब, पुरमजाक, समझदार और तेज़ वह तब भी था। दिल्ली का एक छोटा-सा किस्सा सुनाये बिना नहीं रहा जा...

भूतपूर्व आलोचक और नई कविता के शास्ता कवि को दिल्ली-रेडियो ने कुछ

अपेक्षाकृत और भी नये कवियों के साथ बुक कर लिया था, इसलिए जब प्रोग्राम के बाद वे बाहर निकले तो निहायत भन्नाये हुए थे—चेहरा उतरा हुआ और पाँव लड़खड़ाये हुए... सीधे स्टेशन की सवारी लेकर इलाहाबाद का टिकट लेने को उतारू। रेडियो और गैर-रेडियो के ये लोग दुनिया-भर की टीका-टिप्पणियाँ करते हुए पार्लियामेण्ट-स्ट्रीट पर चले आ रहे थे....लेकिन कवि जी एकदम चुप। कमलेश्वर से नहीं रहा गया और निहायत ही संजीदा स्वर में बोला—"...साहब, क्या आप घण्टे-भर के लिए मुझे अपना चेहरा उधार दे देंगे?" सब लोग चौंके—यह क्या मांग है? कवि ने प्रश्न-दृष्टि से देखा, गला सूखा हुआ होगा, इसलिए इशारे से ही पूछा—"क्यों?" "बस, सिर्फ घंटे-भर को ही चाहिए। फिर लौटा दूँगा।" अब सबने आग्रह किया—"क्यों भाई? आखिर मकसद तो बताओ!" तो निहायत मासूम लहजे में जवाब देता है, धीरे से—"जूते खाने को मन करता है।" बात शायद बहुत चुभ जाती, लेकिन कमलेश्वर का अंदाजेबयां और बाद के कहकहे.....

हाँ, तो मैं कह रहा था कि निहायत यथार्थवादी हाव-भाव, प्रभावशाली मुद्रा-मूड़, साफ-सुथरी जबान, चरम आत्मविश्वास-भरा लहजा और उसे अर्थ देने का अपना व्यक्तित्त्व—और ठाठ, एक मूलतः झूठी बात के लिए—यह कमलेश्वर व्यक्ति नहीं कथाकार है। काल्पनिक रोमानी कथ्य, वास्तविक लगने वाला कथानक औरघोर यथार्थवादी परिवेश...मैं इसे उसकी कला का गुर मानता हूँ, और दिल्ली की जिन्दगी पर लिखी गयी कहानियों तक में इसके भग्नावशेष हैं...शायद इसे ही रोमांटिक-यथार्थवाद कहते होंगे, जो कृशनचन्दर में अपने सारे दोषों और खामियों के साथ मौजूद है। मैं अपने को पाठकों के उस दल में पाता हूँ जो कमलेश्वर की जबान पर मुग्ध है, लेकिन इस सत्य का ज्ञान मुझे सबसे पहले उसकी 'नीली झील' कहानी पढ़कर हुआ। 'नीली झील' की भाषा, उसका वातावरण, उसकी शैली की सांकेतिकता, और ऐन्द्रिय बोध के अनेक स्तरों को छू सकने वाली भंगिमा, सभी ने मुझे इतना आच्छन्न और अभिभूत कर लिया कि पहली बार तो मैं चकरा गया... जब दुबारा पढ़ा तो लगा कि और तो सब ठीक है, लेकिन मूल बात में कुछ गड़बड़ है; फिर कुछ समय बाद तो अपने आप साफ हो गया कि एक असंभाव्य कहानी को यथार्थवादी जामा पहना दिया गया है—यानी निहायत सुरुचिपूर्ण, शिक्षित और सुसंस्कृत, सौन्दर्य-बोध और संवेदना वाले शहरी नवयुवक कवि को महेश पाण्डेय का शरीर दे दिया है। 'राजा निरबंसिय' में भी यही कमजोरी थी, लेकिन दुहरी-कथा का शिल्प उसे सम्भाल ले गया था। जहाँ यह कुंजी मेरे हाथ लगी तो पाया कि 'तीन दिन पहले की रात', 'डाक-बंगला', 'एक सड़क : सत्तावन गलियाँ'—सभी का रहस्य मेरे सामने खुलता चला जा रहा है—कि क्यों 'नीली झील' में पानी की छोटी-से-छोटी लहरीली सलवट और उस पर तैरता मरा पक्षी, खून की लाल धार और मुलायम घास सभी कुछ याद आता है—नहीं याद आते तो महेश पाण्डेय और पारबती...

कि क्यों डाक-बंगला में चीड़-वन का एक-एक पेड़, पहाड़ी पगडंडी पर दौड़ता घोड़ा, बर्फीली सुनसान घाटी में भटके हुए लोग—सभी याद रहते हैं, नहीं याद रहती तो खुद वह औरत—जिसके बूते पर डाक-बंगले का प्रतीक गढ़ा गया है... 'एक सड़क : सत्तावन गलियाँ' का बस-अड्डा—(जिसे मैं शानी के 'कस्तूरी' वाले बस के अड्डे से कभी-कभी कन्फ्यूज कर जाता हूँ...) वहाँ आती बसें, उड़ती हुई धूल, आवाजें लगाते, बीड़ी पीते क्लीनर-ड्राइवर, रामलीला... सभी दृश्य सामने आते हैं।

कभी-कभी मुझे आश्चर्य हुआ करता था कि जिस व्यक्ति की निगाह से वातावरण का महीन-से-महीन डिटेल और नाजुक रेशा न छूटे, जो जड़ परिवेश को सजीव मूड दे देने की कला में ऐसा माहिर हो, उसकी आँख कथानक और व्यक्तियों की मोटी-मोटी असंगतियों पर क्यों नहीं जाती? और क्यों कश्मीर का ऐसा खूबसूरत यथार्थवादी वर्णन देने वाली कलम, अगली ही साँस में सुन्दर नगर के ठेकेदार की बकवास सुनाने लगती है? मुझे लगता है कि कमलेश्वर का यही कॉनफिडैन्स उसे खुशफहमी देता रहा है, कि सामने वाला उसकी मनगढ़न्त कहानी को सिर्फ इसलिए गले उतारता जाएगा कि कमलेश्वर को बहुत आत्मविश्वास, खूबसूरत जबान और सही हाव-भाव के साथ बात को कहने की कला आती है...

लेकिन इधर मैं देख रहा हूँ कि 'कस्बे के कहानीकार' का स्टण्ट सफल कर चुकने के बाद से ही कमलेश्वर अपनी इस कमजोरी से पीछा छुड़ाने की कोशिश कर रहा है क्योंकि लेखक चाहे जितना झूठ बोले, जिन्दगी में चाहे जितना बहके, उसका दर्द और 'गलत' का अहसास सबसे ज्यादा उसे खाता है...लोग भूल जाते हैं, लेकिन वह खुद नहीं भूल पाता कि वह एक बिखरा और मरोड़ा हुआ व्यक्तित्त्व लेकर जी रहा है—जीने को मजबूर है। अनुभूति और कचोट, की यह तीव्रता ही बताती है कि कहीं वह संवेदनशील और ईमानदार प्राणी है, वरना भटकन और खोयेपन के दर्द को वह 'खोई हुई दिशाएँ' जैसी जबरदस्त कहानी में कैसे उतार पाता? जाने-अनजाने गलतियों और झूठों के जितने गहरे तिलिस्मी जाल में कमलेश्वर फँसता चला जा रहा है, उतनी ही उसके लेखन में गहराई आती चली जा रही है, उसकी आत्मा की तड़प संवेदना को निखारती जाती है....मैं जब-जब उसे इस पहलू में देखता हूँ, मुझे ईर्ष्या होने लगती है। उसने जिन्दगी में, शाब्दिक अर्थ में पापड़ नहीं बेले—यह सही है, लेकिन वह राकेश और मेरी तरह 'हॉट-हाउस-ब्रीड' आदमी नहीं है। बाहरी और भीतरी कटुताओं ने उसके लेखन को निश्चित प्रगति और सान दी है—इसे उसकी पहली अच्छी कहानी 'गर्मियों के दिन' से लेकर 'खोई हुई दिशाएँ और दिल्ली में' एक मौत में देखा जा सकता है। उसने अपनी गलतियों से अक्सर कुछ सीखा है। वह खुद कहता है : "यह अहसास मुझमें न होता तो मेरा आज पता न होता—खोखले सामन्तवाद के जिस माहौल में मैं पला हूँ, उसमें क्या-क्या बुराइयाँ नहीं थीं, लेकिन

बचपन में ही पितृहीन हो जाने ने मुझमें एक जिम्मेदारी का एहसास भी कर दिया....''[1]

जिन्दगी हो या कला, सैकण्ड-हैण्ड अनुभवों पर जीना उस समय बहुत भारी पड़ जाता है, जब अपने पास उन्हें पचा सकने लायक शक्ति न हो। दूसरों की तरह कमलेश्वर ने भी लेखक-प्रकाशक बनकर अपना व्यक्तित्त्व खड़ा करना चाहा था—बिना अपनी और अपने साथियों की एकनिष्ठता को तोले हुए। उसी तरह सैकण्ड-हैण्ड अनुभवों पर शुरू की कुछ कहानियाँ लिखने की गलती भी उसने की थी... और चूँकि ये सारी कहानियाँ वे हैं, जिन पर अपने समय में काफी पुष्पवर्षा हुई है, इसीलिए मैं जानता हूँ कि कमलेश्वर अपने उसी शातिर अन्दाजपन में कहेगा—''यहाँ तो प्यारे, एक कहानी लिखते हैं, और साल-भर को निश्चिन्त हो जाते हैं। जब तक उस कहानी का घाव ठण्डा होता है, तब तक अगले साल फिर एक लिख देते हैं। तुम सब साले (यानी मैं और राकेश) इसीलिए तो कुढ़ते हो कि इसकी हर कहानी क्यों झण्डे गाड़ती चलती है....?''

मगर इधर उसने रोज झण्डे-गाड़ने शुरू कर दिये हैं। और इतने गाड़ दिए है कि वे गड़े-मुर्दे होकर रह गये हैं। इसीलिए उखाड़-उखाड़कर एक-एक झंडे को पाँच-पाँच, छः-छः जगह गाड़ा है। शिकायत के जवाब में अब वह इतना ही कहता है—''यार, इन सबको संग्रह में थोड़े ही दूँगा। लेकिन बताओ, इतना न लिखूं तो क्या करूँ? कैसे रहूँ?''इस सबके बावजूद, कमलेश्वर की शायद ही कोई कहानी हो, जिसने कहीं-न-कहीं मुझे अपनी सामर्थ्य का अहसास न करा दिया हो...कभी प्रारम्भ का वाक्य ही ऐसा होता है कि तबीयत फड़क उठती है और कभी बीच में ऐसा कुछ आ जाता है कि गुस्सा आता रहता है—यह कमबख्त सारे दिन इस या उस तिकड़म में लगा रहता है, और यह सब लिख किस समय लेता है? इसका कमरा क्या है, अच्छा-खासा वेटिंग-रूम है। कोई-न-कोई बैठा ही रहता है और हाँडी-जैसी ऐश-ट्रे में चारमीनार झाड़ते हुए आप प्रवचन पिला रहे होते हैं। कभी-कभी वेटिंग-रूम एक ऐसी धर्मशाला में बदल जाता है, जहाँ खाना-कपड़ा से लेकर हजामत का सामान, जूता और जेब-खर्च सभी कुछ बिना 'ऑब्लिगेशन' मिलता हो, और गुसलखाना साफ करने वाला जमादार भी—बिना किसी सुविधा संकोच के—सिगरेट या ब्लेड खुद निकाल लेना अपना अधिकार मानता हो। मैं इन मामलों में कुछ फ्यूडल हूँ और ये बातें मेरा मूड़ खराब कर देती हैं, लेकिन खुद तंगी अैर तकलीफ में धर्मशाला के यात्रियों के बीच निहायत इत्मीनान से औंधा लेटा, अपनी बेहद सधी, खूबसूरत हैण्डराइटिंग में किसी कहानी को पहली और अन्तिम बार लिख रहा होता है... उसकी यह शान्ति और एकाग्रता मुझे जलाकर खाक कर देती है।

मन्नू 'नई कहानियाँ' का विशेषांक सम्पादित कर रही थी। चाहती थी कि जैसे भी हो, मेरी, राकेश और कमलेश्वर की कहानियाँ जरूर जाएँ। उन्हीं दिनों

कमलेश्वर नई कहानियाँ का सम्पादक हुआ था, और मैं उसी सिलसिले में दिल्ली आया था। उसके साथ ठहरा था। कमलेश्वर की व्यस्तता का क्या कहना! उसे कहानी लिखने का समय ही नहीं मिलता था। जब कहो तो नकियाए स्वर में कह देता, "तों यार, जांन क्यों खांता है, सुबह कहांनी ले लैना...।" ऐसी जाने कितनी सुबहें हुईं, और समय नहीं रह गया। एक दिन सुबह उठकर देखा तो तकिये को मरोड़कर पसली के नीचे रक्खे, मेंढक-मुद्रा में कथाकार कहानी पर जुटे हैं ...मैं चुपचाप भीतर बैठकर सिगरेट पीने लगा। वह वहीं से बोला—"कहानी शुरू कर दी है..।" और उठकर भीतर आ गया...दो सिगरेटें पीं, और नमाज पढ़ने की तरह घुटने सामने मोड़कर फिर लिखने लगा। कोई साहब मुझसे मिलने आ गये, तो हम वहीं बातें करने लगे...उसने माफी मांगने के स्वर में कहा—"बस, अभी कहानी खत्म करता हूँ... इस वक्त...नायिका बहुत ही भावुक डायलॉग बोल रही है।" हम लोग बातें करते रहे, वह सामने पलँग पर बैठा लिखता रहा। पन्द्रह मिनट बाद बोला—"भावुकता कुछ ज्यादा हो गयी है, बस जरा-सा यथार्थवादी वातावरण डाला कि ठीक हुई... थोड़ा सा नीम का सरसराना... धूल का उड़ना... दीवारों की धूप..." फिर पन्द्रह मिनट बाद..."यार, बड़ा करुण प्रसंग आ गया है, श्मशान का दृश्य है...।" कहकर काइयांपने से हँस पड़ा—"बस, इसके बाद एक मोड़ दिया कि कहानी खत्म...।" और दस-पन्द्रह मिनट बाद ही कहानी मेरे सामने फेंक कर कहा—"लीजिए साहब, कर दीजिए मन्नूजी को खबर!" कहानी में कहीं कोई काट-छाँट नहीं....नाम रक्खा—'जो लिखा नहीं जाता।'

मैं सचमुच दंग रह गया! दो आदमी सामने बैठे बातें करें, और मैं रुक-रुक कर ऐसे हलकेपन से हर स्थिति की खबर देता जाऊँ...यह मेरे लिए कतई ... कतई मुमकिन नहीं है। "इसे कहते हैं कहानी लिखना... तुम और राकेश कहानी लिखते हो? दण्ड पेलते हो दण्ड!" बड़ी असंगत लगती है—ऊपरी बिखराव के साथ यह मानसिक एकाग्रता भीतरी शान्ति....।

शान्ति और एकाग्रता केवल उस समय जब कलम हाथ में हो, वरना कमलेश्वर से कभी मिल लीजिए, कहीं मिल लीजिए... वह या तो कहीं से भागता-दौड़ता चला आ रहा है, या जल्दी-जल्दी सामने का काम खत्म करके उसे भागना है! इस बीच के समय में बातें करते हुए हमेशा लगेगा कि वस्तुतः उसके दिमाग में कोई गहरी तिकड़म चल रही है। वह बातें आप से कर रहा है, लेकिन दिमाग में जल्दी-जल्दी कुछ योजनाएँ बना रहा है... और मेरी लेखकीय दृष्टि बता देती है कि वह प्लेनिंग लेखन-प्रक्रिया नहीं है। इस तरह की तिकड़मभरी प्लेनिंग राकेश के दिमाग में भी चलती रहती है, लेकिन कमलेश्वर का चेहरा उस तनाव को जाहिर कर देता है। यही कारण है कि वह राकेश की तरह अपने घनिष्ठ-से-घनिष्ठ मित्र के साथ दुराव नहीं बरता पाता, न बाद

में रोता है कि उसके मित्र उसकी ईमानदारी में शक करते हैं, कि वह दुनिया में बहुत अकेला और अन-समझा है...

इसलिए कमलेश्वर की यह बेचैनी–एक ऐसे व्यक्ति की बेचैनी लगती है, जिसके भीतर जीवन का स्रोत, प्लावन की तरह बह-निकलना चाहता हो, और उसकी समझ में न आता हो कि उसका वह क्या करे....। लिखते-लिखते उठेगा, गुड्डी को ऊपर-नीचे झुलाएगा, रसोई में जा कर दो-चार कौर कुछ चबाएगा और फिर आकर लिखने लगेगा; बातें करते-करते अचानक उठेगा, सिगरेट का धुआँ घूँटता हुआ इस कमरे से उस कमरे में झांकेगा, खिड़की पर खड़ा होगा और फिर बातें करने लगेगा। रात को ग्यारह बजे सिगरेट लेने 'गली के कोने तक' जाएगा, आप प्रतीक्षा करते रहेंगे, और वह दो बजे लौटकर कुछ पढ़ता हुआ सो जाएगा सुबह सात आठ पर फिर तैयार... उसकी यह बेचैनी हमेशा आप पर कुछ ऐसा प्रभाव डालेगी, जैसे वह कहीं फौजों को लड़ते छोड़ आया है और जाते ही उसे उनका चार्ज सँभाल लेना है...कोई लड़ाई है, जिसे फिर जाकर लड़ना है...

और शायद इस तरह लड़ते हुए उसे बुहत दिन हो गये हैं। कभी-कभी आशंका होने लगती है–किसी दिन वह हार तो नहीं जाएगा, और उसके मोती-जैसे अक्षर, लहजे का आत्मविश्वास, हाजिर-जवाबी और मजाकिया विट, शैली की खूबसूरती और वातावरण को मूड देने की कला–टूटे हुए कवच की तरह दयनीय तो नहीं हो उठेंगे? क्योंकि यह लड़ाई सीधी और सरल नहीं है, यह विचित्र विरोधाभासों की लड़ाई है। यही क्या कम विरोधाभास है कि कमलेश्वर जिन्दगी के छोटे-छोटे झूठों के हथियारों से, युग के अनेकस्तरीय, सबसे बड़े झूठ के खिलाफ लड़ रहा है...हम सबकी तरफ से लड़ रहा है...

वह झूठ जो कभी उसे 'कम्यूनिस्ट' घोषित करके बी.बी.सी. लन्दन में मिलती नौकरी से हटाने की कोशिश करता है, तो कभी 'डेविल ऑफ पीस' और 'नई कहानी का औरंगजेब' बताकर अपने को 'शाहजहाँ' का गौरव प्रदान करता है..., तो मैंने कहा–"औरंगजेब तो ठीक है! लेकिन शाहजहाँ तो कई है, और हर शाहजहां दूसरे को पीछे धकेल कर कहता है–'असली शाहजहाँ मैं हूँ। मुझे पकड़कर कैद करो।, और मैं, मन्नू, कमलेश्वर देर तक हँसते रहते..."हाँ यार ये नैतिक पुनर्शस्त्रीकरण के स्तूप मुझे औरंगजेब बताते हैं...मेरे हाथ में हथियार देकर कहते हैं। मुझे मारो...।"

वह औरंगजेब के नहीं, अभिमन्यु के ज्यादा निकट पड़ता है...

और उसकी ऊपरी तेजी, एक हथियार की तेजी की ही याद दिलाती है–यह उसका स्वयं-आरोपित व्यक्तित्त्व है... जो व्यक्ति इस हथियार को लेकर लड़ रहा है, वह भीतर से बहुत सरल, संवेदनशील और अजहद भावुक है...! ऐसा भावुक जो सिंसियर होने के सिवा कुछ हो ही नहीं सकता... आप गलत हों या सही,

अगर वह आपका मित्र है तो फिर आपके लिए सब कुछ कर सकता है—आपके मित्र उसके मित्र हो जाते हैंः आपके शत्रु उसके शत्रु! राकेश का पीछा किया जा रहा था, और टैक्सियों में या अकेले में वहीं उसके साथ था—रात-दिन! राकेश को हवाई जहाज़ से बम्बई जाना था, और वही रात को सामान लेकर पालम पहुँचा था... सारे दिन भटककर रात को दो-दो बजे आता था, और हर समय किसी खटके की आशंका से चौकन्ना रहता था...''गुगलानीजी (राकेश) तो मजे से अपनी तिन्नी को लेकर बम्बई उड़ गये, और अगले दिन फत्तो पाँच लड़कों को लेकर मुझे पीटने आ पहुँचे...।'' यही नहीं, आज जयन्त की समस्या हल कर रहे हैं कल जोशीजी की शादी करने में बड़े भाई बने हैं, परसों नरेश का सामान लदवाये चले आ रहे हैं। हां, यह पता लगाना जरा टेढ़ी-खीर है कि किन क्षणों में उस पर एकदम विश्वास किया जा सकता है, किन क्षणों में बिल्कुल नहीं...चारों तरफ से कमरा बन्द करके अत्यन्त गम्भीरता से वह जिसके साथ तीन घंटे बातें करता है, विश्वास देता और लेता है—हो सकता है, उसके सीढ़ियाँ उतरते ही कहे—''चुगद कहीं के! कमलेश्वर ही एक बेवकूफ मिलता है...दुनिया-भर की तवालतें ले विश्वास में आकर ब्लैंक चेक दे दे, और आप बैठे-बैठे मक्खन खाएँ...उस वक्त कमलेश्वर को याद भी न करें... ।''

उसके इलाहाबाद और दिल्ली के मित्रों ने उसका जिस तरह 'उपयोग' करना चाहा है, वह उसे तल्ख भी बना देता है....वह कुढ़ता है, भन्नाता है, लेकिन जब सामने आकर वे कन्धे पर हाथ रखकर, आँखें गीली करके कहते हैं—''यार कमलेश्वर, तू समझता नहीं है... ।'' तो कमलेश्वर जी फिर भावुक हो जाते हैं।

भावुकता भक्ति और कमजोरी दोनों हैं—यह देखने के लिए कमलेश्वर के निकट आना होगा। क्योंकि उसकी भावुकता, बात-बात में बह निकलने वाली गिलगिली भावुकता कतई नहीं है।

भावुक लोगों की बहुत किस्में है। मैं उनमें दो तरह के भावुकों को जानता हूँः कुछ लोग होते हैं जिन्हें ज़रा-ज़रा सी बातें छू जाती है। वे आपसे उम्मीद किये बैठे हैं कि मिलते ही आप उनसे उनके स्वास्थ्य के बारे में पूछेंगे, ''हल्लो'' कहकर आप उनके गले से लिपट जाएँगे, लेकिन आप निहायत संयत-भाव से, बिना कुछ बोले उनकी तरफ कॉफी सरका देते हैं, लीजिए साहब, उनकी भावनाओं को चोट पहुँच गयी और वे अब आँखों से आँसू भरे, आपकी बेमुरव्वती पर खफा हैं। जरा-सी उपेक्षा उनमें आत्महत्या की इच्छा जगा देती है, और ज़रा-सा प्यार उनकी आंखों में आँसू ले आता है। छोटी-छोटी बातों पर वे ऊपर से रोते, सिर धुनते हैं, खुश होते और नाचते हैं, लेकिन भीतर से निहायत व्यावहारिक, स्वार्थ-द्रष्टा और निर्विकार, कोल्ड, हिसाबी, उनका हर आँसू और कहकहा प्राणों का उन्मुक्त विसर्जन, सिर्फ हथियार या ढाल होता है—एक वैलकैलकुलेटेड इन्वेस्टमेंट। इसीलिए व्यवहर में ये

लोग घोर प्रैक्टिकल और किसी हद तक क्रूर भी होते हैं। कोई बता रहा था कि गोएबल्स की आज्ञाओं पर जब हजारों बेकसूर यहूदी गैस-चेम्बर्स में घुट-घुटकर दम तोड़ रहे होते थे, उस समय वह खुद बाख का संगीत सुनता हुआ, भाव-विभोर रो रहा होता था...गाँधीवाद ने तो इस तरह के भावुकों की पूरी एक फौज ही पैदा कर दी है...

दूसरी तरह के भावुक न बात-बात पर रोते हैं, न गदगदाते हैं। उनकी आंखों में आँसू नहीं आता, और भावना और विश्वास की एक नन्ही-सी गन्ध चुपचाप जिन्दगी की धार को मोड़कर चली जाती है, और पूरे होश में सुने हुए केवल दो छोटे-छोटे वाक्य, संघर्षरत सिपाही की आत्मा की धरोहर बन जाते हैं... हो सकता है, यह हद दर्जे की भावुकता ही हो, लेकिन कमलेश्वर की भावुकता कहीं 'उसने कहा था' के लहनासिंह की वंशधर भी है....उस दिन वह मेरे लिए सचमुच अभिनन्दनीय हो उठा था, जिस दिन हर प्राप्त सुविधा और साधन की कीमत पर उसने इस भावना को खरीदा था...

पाँचेक साल पहले की बात है : मैं कलकत्ता से आगरा जा रहा था। रीढ़ की हड्डी में दर्द था और बैठना मुश्किल था। कमलेश्वर ने हर तरह की सुविधाएँ जुटायी थीं कि मैं 'कुलटा' का उत्तरार्द्ध पूरा कर लूँ। होली का भूत बने हुए उसने मुझे कहीं से एक टाइपराइटर लाकर दे दिया था। रोज रात को देर तक हम लोग गप्पें लड़ाते, योजनाएँ बनाते। कमलेश्वर ने नया-नया प्रकाशन शुरू किया था, सो दुनिया भर का जोश मन में था। कुछ भी सुनने की फुरसत नहीं थी। रात को दो बजे जब वह मुझे स्टेशन छोड़ने आया, तो मैंने सवाल सामने रख दिया। खिड़की पर कुहनी टेके वह खड़ा था—"बेवकूफी ही सही राजेन्द्र, लेकिन है...जिन्दगी में सभी कुछ अच्छा करने का ठेका-लेकर तो हम आये नहीं थे...." रास्ते-भर वह मुझे निहत्थे अभिमन्यु की याद दिलाता रहा। शायद 'अभिमन्यु की आत्महत्या' कहानी की पहली चिनगारी वहीं मिली...।

यह वह खुद जानता है कि ऐसी भावनात्मक निष्ठा-एडॉलेसेंस और बेवकूफी ही है, एक ऐसी कमजोर पतवार जो जाने किस मंझधार में जाकर टूट जाए...शायद यह भी वह जानता है कि ऐसे ही नाजुक तलवे को बचाने के लिए नुकीले और खुरदरे जूते पहनते होते हैं...ताकि हर व्याध उसे ही निशाना न बना ले। और तब आदमी हठपूर्वक झूठा और सजग बनता है। भावनात्मक निष्ठा सचमुच एक कमजोरी है— यह अहसास उसे उकसाता और ललकारता है कि वह दुनियादार और साधन-सम्पन्न लोगों को उनके स्तर पर मात दे...यह दूरी चक्रव्यूही असहायता है... यह उनका बहुत संवेदनशील होना है, जो उसे एक के बाद दूसरी भूल-भुलैयों में ले जाता है... मजबूरी यह है कि न तो वह दूसरों की भावनाओं के प्रति क्रूर हो पाता है, न अपने प्रति गैर-ईमानदार लेकिन अपने और दूसरों के बीच संगति

नहीं बैठ पाती। तब निश्चय-अनिश्चय का द्वन्द्व उसके जीवन का पर्याय बन जाता है... उसके लिए निर्णय न ले सकना साहसहीनता नहीं—क्रूर और कैलस न हो पाना हैं। ईमानदारी से पूछा जाए तो आज व्यक्तिगत नैतिकता और परम्परागत नैतिकता के इस द्वन्द्व को पार कर लेना किस अकेले आदमी के बस का है? इसके लिए तो शायद पूरी एक संवेदनशील पीढ़ी को, निर्णय-हीनता की इस घुटन से गुजरना होगा क्योंकि निर्णय... वरण... चुनाव, कर सकने के लिए हममें से कौन स्वतन्त्र है? कौन कह सकता है कि उसने किसी-न-किसी भीतरी-बाहरी, दूर और पास की लाचारी में अपना हर निर्णय नहीं लिया है? फिर एक ही जगह दूसरे एब्सर्ड को चुनते चले जाने की अपेक्षा, न चुन पाने की इस मजबूरी को स्वीकार कर लेना सचमुच गैर-ईमानदारी ही है क्या? 'कुछ नहीं : कोई नहीं' से लेकर 'नीली झील' तक कमलेश्वर की अनेक कहानियाँ भावनात्क निष्ठा, यानी परम्परागत नैतिकता के खिलाफ व्यक्तिगत नैतिकता की प्रतिष्ठा को आकस्मिक रूप से रेखांकित नहीं करतीं...

बहरहाल, दुष्यन्त की इज्जत की खातिर मैं इतना जरूर माने लेता हूँ कि कमलेश्वर अपना सच नहीं बोल सकता, मगर अपने युग और अपनी पीढ़ी का सच वह जरूर बोल सकता है! उसके पास जबान है और उसे बात करना भी आता है... क्योंकि इसी सच पर आकर बड़े-बड़े जबानदार लोग चुप हो जाते हैं...

मणि मधुकर

(जन्म 1942)

मणि मधुकर का जन्म 9 सितम्बर 1942 में हुआ। आपने राजस्थान विश्वविद्यालय से एम.ए.की उपाधि प्राप्त की। राजस्थान के सुप्रसिद्ध साहित्यकार के रूप में मणि मधुकर प्रसिद्ध हैं। आपने कहानी, उपन्यास, नाटक, रिपोर्ताज, कविता जैसी साहित्यिक विधाओं में अपना योगदान दिया है।

आपकी साहित्यिक उपलब्धियों में–

कविता संग्रह : 'खंड खंड पाखंड पर्व', 'घास का घराना', 'बलराम के हजारों नाम'।

उपन्यास : 'सफेद मेमने', 'पत्तों की बिरादरी'।

कहानी संग्रह : 'हवा में अकेले', 'भरतमुनि के बाद', 'त्वमेव माता'।

नाटक : 'रसगंधर्व', 'बुलबुल', 'सराय', 'दुलारी बाई'।

रिपोर्ताज : 'सूखे सरोवर का भूगोल'।

'सूखे चेहरों का भूगोल' यह रिपोर्ताज है। प्रस्तुत रिपोर्ताज में मणि मधुकर जी ने राजस्थान की भौगोलिक और सामाजिक स्थिति का यथार्थ चित्रण किया है। रिपोर्ताज में विभिन्न घटनाओं के माध्यम से व्यक्ति की मनोवृत्तियों को स्पष्ट करने का प्रयास किया है। जीवन में कहीं अभाव हो तब भी मानवता दिखाई देती है। क्षति पहुँचाने वाली प्रवृत्तियों के खिलाफ जूझने का भाव भी कहीं है तो कहीं मनुष्य में दिखाई देनेवाली स्वार्थी प्रवृत्ति भी है। जो स्वार्थी प्रवृत्ति मनुष्य आचरण पर एक प्रश्नचिह्न लगा देती है। लेखक के अनुसार इसे कोई निर्दयता कहेगा तो कोई अमानवीयता लेकिन दया, ममता, समता, बन्धुता ये शब्द पेट भरने के बाद ही सूझते हैं। जिनके जीवन में अभाव है उनके लिए ये शब्द कोई मायने नहीं रखते लेकिन फिर भी ऐसे क्षेत्र में भी अत्याचारी प्रवृत्तियों के विरुद्ध संघर्ष करनेवाला कोई 'मोबत' लड़का होता है। मोबत संघर्षशीलता की प्रवृत्ति का प्रतीक है। मेले में खर्च के लिए टका देनेवाली माँ भी है। अर्थात राजस्थान के भौगोलिक क्षेत्र में पानी का अभाव है तो वहीं जीवन में मूल्यों की सम्पन्नता है।

सूखे चेहरों का भूगोल

—मणि मधुकर

1

पूरब के नाके पर काट-सती का देवल है और एक लेसुए का पीला रूख। मटमैले पत्ते रह-रहकर खजेले कुत्ते की तरह कान फड़फड़ाते हैं, फिर सहमे से आसपास की साँय-साँय को सहारा देने लगते हैं। एक काली शाख नीचे की तरफ झुककर बीच में दुहरी हो गयी है, जैसे अधलेटी साँयड की टाँग। उस पर कुरजा की नुकीली चोंच बाल धनुही की भाँति चमकती है और अपने असमंजस में वह उस ओर तन जाती है, जिधर सेखू जाटो की नंगी-निचाट छतरियाँ हैं। करीब-डेढ़-दो फलांग में फैला हुआ मसान का मैदान। सफेद चूने के छोटे-छोटे ढेर। राख, निःसंग पत्थर, फोग, आक और झाड़ियों के उलझे हुए तन।

देवल के बायें पंख से निकलकर एक अधीर-सी पगडण्डी मसान के आधे भाग को लाँघती है, अचानक ढलान में गिरती हुई छत्तर ढाणी में घुस जाती है।

तीसरे पहर की उस गर्द-भरी धूप में हर चीज धीमे-धीमे ऐंठ रही है, अकुला रही है और मैं बेचैनी के एक खुरदुरे हिस्से में से गुजर रहा हूँ। मेरे पाँवों के तले मेरी अपनी जमीन है। भूरी, भभकवाली। मेरी आँखों के सामने मेरी बंजर आँखों के संगाती रंग हैं और मैं उनके कौंधरचे कोनों को पहचानता हूँ। मेरे जिस्म के रोएँ-रोएँ में यह बालू, यह बावली हवा फड़क रही है। सूनों बेलिया! मैं इन कच्ची, लगातार उठती-ढहती दीवारों के चौगान में खड़ा होकर तुम्हें पाना चाहता हूँ। खोजना चाहता हूँ। यानी स्वयं को। तुम्हें आवाज देना अपने-आपको पुकारना है, उन शब्दों को खँख-आँधी में चलना है, जहाँ एक बिन्दु पर तुम्हारा सिर भाले की नोक-सा चिलक रहा है।

सिराम को देखते ही ठण्डे चूल्हें पर रखे हुए औंधे तवे का ख़याल आता है, गोल-गुम्मा मुँह, काचर-बीजों की-सी चुँधी-चिपचिपी आँखें। गाल की उठान में दराँती की धार का निशान, कभी बाजरे की सिट्टियाँ तोड़ते हुए लगा होगा। वह अनमने ढंग से मेरी पीठ में कुहनी मारता है और झुनझुनेवाली खिल-खिल हँसी में बिखरता हुआ सामने आ जाता है। यह उसकी जूनी आदत है। आठ-दस साल

की उम्र में सिराम के साथ मैं जब 'ढाँयलो' खेलता था, तो वह इसी तरह पीछे से मुझे पसली मार दाँव देकर गिरा देता था और देर तक हँसता रहता था। दौड़कर मैं उसकी गर्दन चाँपने की कोशिश करता और पकड़ में आ जाती, तो ओटी ठोक देता था, लेकिन अक्सर वह पट्‌ठा किसी-न-किसी तरह बच निकलता था।

"क्या कर रहे हो, पढ़ेसरी?" वह पूछता है और खोखों की कुछ फलियाँ मेरी तरफ बढ़ा देता है—"खाओ"

मैं—पढ़ेसरी, अर्थात् पढ़ा-लिखा। सिराम जब मिलता है, यह व्यंग्य करता है। एक रोज उसने कहा, "तुम इत्ते बिरलवान (ज्ञानी) हो गये हो कि अब तुमसे बतलावन करते हुए संकोच होता है।"

मैं झेंप गया। उसकी निगाहों में मैंने अपने लिए एक दूरी देखी और पहली बार मुझे पढ़ेसरी होने का अफसोस हुआ। यह वही सिराम है, जिसे रावले में चोरी करना 'अच्छा' लगता था। पकड़े जाने पर गोले इसकी जमकर पिटाई करते, काठ चढ़ाते और थाने में दे आने की धमकी देते थे। मार-वार से मुक्त होकर वह मेरे पास आता और बुदबुदी में बोलता था, "तुम बड़े होकर थानेदार बनना। तब मैं इस रावले में खूब चैन करूँगा और ये दो रसाले गोले हैं न, इनको तो मुर्गा बनाकर नचाऊँगा।"

मुझ पर खीजता है तो इसलिए कि इतने दरजे पढ़ने के बाद भी मैं पुलिस में भर्ती क्यों नहीं हुआ? हो जाना तो ढाणी में सिराम का रोब पड़ता और वह लोगों से अपनी ठुकाई का बदला लेने में समर्थ हो सकता था।

"मेम को नहीं लाये?" उसके इस सवाल ने मेरे होंठों पर मुस्कराहट खींच दी। मैंने 'ना' में सिर हिलाया तो वह थोड़ा मायूस हो गया। पिछली दफा पत्नी साथ थी। सिराम उसे देखकर सकपका गया। कुछ क्षण कटे-सँवरे, कन्धों पर खुले बालों और साड़ी-ब्लाउज के पहनावे को घूरता रहा, फिर मुझे नजदीक बुलाकर बोला, "हे-हे मिनिया, यह कोई औरत है या खिलौना-मेम? ससुरी जब से आयी है, फर-फर हँस रही है।"

बाद में वह इतना हिलमिल गया था पत्नी से, कि बात-बेबात उसका पक्ष लेकर मुझे डाँटने लगता था। उसकी नाराजगी कुछ इस तरह फूटती थी—"पोथी बाँच लेने से ही क्या हो गया, इस मिनिया में अक्कल तो लूण (नमक) बराबर भी नहीं है.....ज्यादा चिपड़-चिपड़ की तो लगाऊँगा दो धौल और काटके कुएँ में डाल दूँगा, समझे....! मेम को रखने के लक्खण तुझमें नहीं है। जा भाग यहाँ से और पहले अपने पोतड़े धो। अभी नाक साफ करने का सऊर नहीं है, आये हैं यार जंटलमैन बनके! अरे, कीचड़ में मूँ देखो, बुलबुले फूट रहे हैं और शकल रब्बे मियाँ की-सी।"

सिराम बोली का थोड़ा अकड़ू 'सेर' है, पर उसकी 'तीजण' (तीसरी बीबी)

है पूरी 'सवा सेर'। अकाल पड़े तो पहले वाली दो इधर-उधर हो गयीं या पता नहीं, मर गयीं। अब इस तीजण से नाता जुड़ चुका है, जो खुद बाल-बच्चोंवाली थी। दुर्भिक्ष के समय वह उनसे बिछुड़ गयी और भटकती हुई सिराम के घर आ बैठी। तीन साल से उसकी आँट में है, गोद भी फिर हरी हो गयी है। पति-पत्नी में खूब प्रेम और अच्छी-खासी लड़ाई है। कड़वाहट ही मिठास है।

ढाणी में तीजण कुहनियों तक घूँघट निकालकर चलती है और कायदेवाली औरत मानी जाती है।

2

बरसों तक सूखे की हालत रहती है और गाँव के गाँव खाली हो जाते हैं। कुनबे की चिन्ता अस्तित्त्व खो देती है, लोगों में अपनी-अपनी जान बचाने की आपाधापी मच जाती है और वे रोजी-रोटी की तलाश में कहीं भी चले जाते हैं। सम्पन्न बनिये-बाम्हन जब 'कमाने के लिए कलकत्ता-बम्बई आदि बड़े शहरों की तरफ जाते हैं, तो उसे 'दिसावर' जाना कहते हैं, लेकिन एक छोटा कमजोर आदमी जब भूख-प्यास से बेहाल होकर इन्हीं स्थानों के लिए घर-बार छोड़ता है तो उसे 'मऊ' जाना कहा जाता है। जुगली 'मऊ' में जगह-जगह फिरी है, ऊँचे-ऊँचे खेल-तमाशे देखे हैं। कई 'बाबुओं' की 'प्यारी' रही है और फोटो खिंचवाने का चाव रखती है।

नेवगिया मजबूत काठी का पट्ठा है। अलमस्त! जात से खाती। अच्छा कारीगर, लेकिन आत्मधीरू और जल्दबाज। रावले की सुरती 'ब्याण' (ठकुरानी के साथ दहेज में आयी हुई गोली) ने एक बार उसे किवाड़ों की जोडायत ठीक करने के लिए बुलाया। काम करने लगा। सुरती बाल्टी उठाकर बाजू के कुण्ड से पानी लाने चली गयी।

नेवगिया ने आरी जोर से चलायी तो वह पीछे की ताख से जा भिड़ी और उस पर रखा हुआ सन्दूक नीचे गिर पड़ा। उसमें काँच का सामान था। सब टूट-फूट गया। नेवगिया घबराया। हड़बड़ाकर उठा तो छीके सिर टकराया और दही की हाँडी गिरकर चूर हो गयी। वह और ज्यादा गड़बड़ा गया। आरी फेंककर बाहर भागा। फलसे को झटके से खोलकर अलग किया तो वह 'परोडे' से जा लगा और घड़े फूट गये। नेवलिया गली में आया। वह जान बचाकर निकलना चाहता था, पर सुरती मिल गयी। उसने पूछा, "क्यों रे खाती, किवाड़ ठीक हो गये?"

नेवगिया गर्दन झुकाकर हाँ-हूँ करने लगा। सुरती ने उसका हाथ पकड़ा और बोली, "आजा, तुझे मजूरी का अनाज दे दूँ।" लेकिन नेवगिया तो उससे पीछा छुड़ाना चाहता था। उसने हाथ को झटका दिया। सुरती के सिर पर रखी हुई पानी की बाल्टी गिर गयी, कपड़े भीग गये। चूड़ियों के टुकड़े हो गये, उसने क्रोध में पाँव पटकते हुए कहा, '"मर नासपीटे, तुझे रो लूँ।"

नेवगिया दौड़ लगाते हुए बोला, "अभी क्या है, रोयेगी तो घर जाकर।"

जुगली स्वयं अपने घणी नेवगिया का यह दिलचस्प 'प्रसंग' सुनाती है और होठों में पल्लू दबाकर हँसने लगती है। नेवगिया धमकाता–"हुश, झूठी!"

3

धानकों के आठ छप्परों के ठीक सामने दुले खाँ की कोटड़ी है। असली नाम हद्‌दी खाँ। उमर नब्बे से अधिक। अब तो आँखों में मोतियाबिन्द पक गया है, पर छुटपन में जब हम उन्हें चिढ़ाते थे–'दुले खाँ की घोड़ी' तो वे ऐसा साधकर कंकड़ मारते थे कि ठक से खोपड़ी पर बज उठता था।

एक मरियल-सी घोड़ी थी दुले खाँ के पास, और बाऊ कहते थे कि कुछ पैसा-लत्ता भी है। कुँवारे थे, पर बीबी की चाह बहुत तीव्र थी। घोड़ी पर चढ़कर नजदीक की ढाणियों में चक्कर लगाते थे। लड़कियों के घरवालों को धन का लोभ देते लेकिन कोई फाँस में आता नहीं था। आखिर एक जगह मामला पट गया। दुले खाँ ने जल्दी मचायी और चटमँगती पट-ब्याह वाला सौदा कर दुल्हिन को अपनी घोड़ी पर बिठा लियाँ ठाठ से छत्तर ढाणी लौटे। शान से कोटड़ी का दरवाजा खोला दुल्हिन अन्दर चली गयी तो वे बाहर बैठकर रात का इन्तजार करने लगे।

वक्त काटे नहीं कट रहा था। उन्होंने कुछ बातचीत शुरू करने का इरादा किया। मुँह में एक ही दांत था और वह बार-बार जीभ को छू रहा था। दूले खाँ बुढ़ापे की 'झेप' में आ गये, पर तुरन्त उसे 'गरिमा' का रूप देते हुए कड़ककर बोले, "सुनो बीबी, मरद तो इकदन्ता ही भला।"

अन्दर से बीबी का उत्तर मिला, "वाह, मुँह में हाड़ का क्या लाड़? वह तो सफमसफा ही अच्छा।"

दूले खाँ खुश हो गये। रात को उन्हें पता चला कि बीबी तो एक खूसट बुढ़िया है और उसके मुँह में एक दाँत भी नहीं है। "धोखा हुआ, धोखा हुआ" कहते हुए वे माथा पीटने लगे। बीवी भी रोने लगी। इसी तरह सुबह हो गयी।

हाय-हल्ला सुनकर बाऊ उनकी कोटड़ी में गये। सारा माजरा समझ में आ गया, लेकिन तस्ल्ली देने के लिए बोले, "भई दूले खाँ, ऐसे यह घर कैसे बसेगा?"

दूले खाँ टुकुर-टुकुर दीवार की ओर देखने लगे। घर बसने वाली बात ने उनके मर्म को छू दिया। वे मुड़े और बीवी को गले लगाकर बोले, "चुप हो जा बानो, यह घर तो अब बसना ही चाहिए।"

दो-ढाई साल बाद दूले खा की बानो मर गयी। इस मौत का उन्होंने भारी शोक मनाया और जगह-जगह आँसू गिरते फिरे।

4

खरिया बास के बारे में अक्सर कहा जाता है कि वहाँ कभी मेढक नहीं बोलते। सीधा-सा मतलब है कि बारिश नहीं होती है। धापली धिराणी खरिया बास की है। जुबान से तीखी। उजाड़, सलवटों-भरा चेहरा। त्यौरियों में टंकार। रूघजी

ठाकर एक दफा खरिया बास गये। नाई की यह छोरी उनके मन भा गयी तो 'गाँठ' में ले लेये। रजपूती खून न होने के कारण धापली ठकुराणी तो बन नहीं सकती थी, उसके आगे धिराणी (मालकिन) सम्बोधन जुड़ गया। अपनी कूख से उसने अठारह को जन्म दिया है। सभी जिन्दा हैं और अपने-अपने गिरस्थी-राज में लगे हुए हैं। धापली धिराणी साठी लाँध चुकी है, पर बदन में कड़क-कठोर है और हर मेले-ठेले में बन-ठन कर निकलती है। रूघजी ठाकर जीवित थे, तब उनके अम्मल (अफीम) की रंग-सभा में धापली ही 'पुरसगारी' करती थी। साथ में गादी पर जमती थी, रीझती-रिझाती थी। उनके मरने के बाद वह अपसुगनी हो गयी। आज किसी शुभ कार्य की शुरुआत पर धापली का जिक्र तक खराब समझा जाता है। कई डरावनी चर्चाएँ प्रचलित हो गयी हैं। हीर मीणा रेंवड़ चराकर लौट रहा था कि धिराणी ने उस पर 'मन्तर' कर दिया। वह हफ्ते-भर चारपाई में रहा और चल बसा। रात पिण्डज्ली मकान में धिराणी आध घड़ी आकर बैठी। उसके जाते ही दीवार ढहकर गिर पड़ी और मलबे में दबकर दो बकरियाँ मर गयी।

उड़ती-फिरती इन बातों ने धिराणी के अकेलेपन को अधिक निजी, घना और अन्धकारमय बना दिया है। मैंने देखा, वह उसी पुरानी सजधज में एक चटाई पर अधलेटी सी हो रही है। गालों का रंग राख जैसा झुरझुरा पड़ गया है, पर आँखों की पुतलियों में एक चमक-एक अनिश्चित अकबकापन है। मुझे जून छियासठ की एक घटना याद आती है।

भयंकर गर्मी। सूखे की मार ने ढाणी को खोखला कर दिया था। चार-पाँच जनों को छोड़कर सब 'मऊ' के लिए जा चुके थे। मैं दीवालों और नंगे पुआलों के बीच भड़भड़ाता भटकता रहा। न कहीं पानी, न कहीं धान। सिर्फ धूल और ताप।

भैरूँजी के चबूतरे के सामने वाली तलाई में मुझे किसी स्त्री की पीठ नजर आयी। मैं आहिस्ता-आहिस्ता उधर बढ़ा। वह घापली धिराणी थी। चितबँकी और मुरझाई। तलाई में थोड़ा कीच बाकी था। वह उसे मसल-मसलकर खा रही थी। भय से मेरी नसें खिंच गयीं। मैंने पुकारा—'धिराणी माँ, क्या कर रही हो?'

उसने पलटकर स्थिर दृष्टि से मुझे देखा, फिर पिशाचिनी की तरह हँसती हुई बोली—"दूध-दलिया खा रही हूँ।"

सुनकर मेरा सत्त निचुड़ गया था।

आज मैं उसी धिराणी को रावले के एक कोने में देख रहा हूँ। उससे 'मुजरो' या राम-राम करने का साहस मुझमें नहीं है। गुमसुम आगे चल पड़ता हूँ। मोती टीबे पर दाखाँ और स्यांती की बातचीत मेरे कानों में पड़ती है। दोनों कड़बी के पूले बाँध रही हैं।

"सुनो तुमने? धिराणी अब डाकण (डायन) हो गयी हो।" दाखां फुसकियों में बोलती है।

"तुम्हें कैसे मालूम?" स्याँती का स्वर जरा तेज है।

"वह मसान में मेरी माँ को मिली थी और एक मुर्दे की खोपड़ी निकालकर झिंझोड़ रही थी।"

"अगर तुम्हारी माँ भली है, तो वह खुद मसान में क्यों गयी थी?"

स्याँती का यह चुभता प्रश्न दाखाँ की बोलती बन्द कर देता है।

हवा में कड़वी के पत्तों की सलफलाट तैर रही है। सुरती ब्याण की लड़की है स्याँती। सुभाव से अटपटी, बात की खरी। चूँकि ठाकर के रावले से उसका सम्बन्ध है, मैं कभी-कभी उससे मजाक में कहा करता हूँ, "खमाँ घणी अंदाता!"

वह किसी रानी की तरह गर्दन में हलका-सा खम देती हुई हाथ उठाती है, "जाओ, तीन गाँवों का पट्‌टा तुम्हारे नाम लिख दिया!"

रेती के पहाड़ों पर शाम का धुआँसा गिरने लगा है। तीन सौ फुट गहरे कुएं से औरतें पानी का चड़स खींच रही हैं 'भूण' की चर्र-चूँ चर्र और चूँ किसी दुःख भरी चीख में तब्दील हो चुकी है। मनसा गायों को हांकता हुआ बार-बार थूक रहा है। उनके खुरों की गर्द गले में फँस रही है। इस बार बरखा हुई थी, इसलिए फसल ठीक रही। थोड़ा बहुत बाजरा हरेक के कुठले में आ गया। धाड़ेतियों (डाकुओं) का डर बना हुआ है। वे ऐसे मौके पर ही आते हैं और सब-कुछ छीन कर चल देते हैं। आजकल उनके पास जीपें हैं, पहले ऊँट हुआ करते थे। दारू पिये हुए ऊँटों की बलबलाहट सुनते ही स्त्री-पुरुष मैदान में निकल आते थे। बच्चों को छतों पर फेंक दिया जाता था, ताकि वे धाड़ेतियों के रास्ते में न आयें। अन्न का एक चिन्ह तक नहीं छोड़ते थे।

यह मेरी जमीन है, निर्लज्ज और निर्ज़ीव! न कुछ पा लेने का सन्तोष न खो देने का दर्द। लगातार अकाल पड़ते हैं, धरती कुछ नहीं देती, आक़ाश तसले की तरह ठनठनाता रहता है और आदमी इतना कुन्द हो जाता है कि वह अपने से अलग किसी का ख़याल नहीं कर पाता। सास-ससुर, पति, बच्चे सब सो रहे हैं और बीस रोज की भूख से तड़फड़ाती हुई औरत अचानक उठकर कहीं चल देती है। इस 'चलने' के सिवा दूसरा कोई विकल्प नहीं है। जिन्दा रहने की इच्छा सब-कुछ करवा लेती है। पिता किसी गड्ढे में बचा-खुचा धान छुपा देता है। रोज खुद एक-दो फाँकी मार लेता है। पर अपने बच्चो को एक दाना तक नहीं दिखलाता और उन्हें अपनी मौत मरने देता है। 'मनुष्य का आचरण' जिनके लिए एक 'चिन्तन' है, वे इसे 'निर्दयता' कह सकते हैं, क्योंकि कुछ भी कहना बहुत आसान है—लेकिन जिस तरह से भरपेट डकार लेते हुए वे दया, ममता, समता, बन्धुता आदि का जिक्र करते हैं, वे मेरी समझ से बाहर है।

5

छुटभैयों की ड्योढ़ी के सामने एक हड़काया कुत्ता घूम रहा है, बेतरह हाँफता हुआ। जीभ से लार गिर रही है। दाँतो भद्दे ढंग से बाहर निकली हुई है। जिसे देखता है, काट खाने को दौड़ता है। मोबत उधर से गुजरता है तो ठिठककर कुत्ते को घूरता है, छिन-भर! फिर झपटकर उसकी पिछली ढाँगें पकड़ लेता है और खोपड़ी दीवार पर दे मारता है। एक 'काँय' के साथ कुत्ता ढेर हो जाता है। खून का सोता उसकी नाक से बहने लगता है। साँस की फुँकनी रुक जाती है। मोबत हथेलियाँ झाड़ता हुआ चल देता है।

मोबत लड़का है। उसकी सभी से थोड़ी-बहुत कहा-सुनी रहती है। किसी का ताव, किसी का हुक्म उसे मंजूर नहीं। अपनी चाल में चलता है। एक पुलिसिया उसकी मासी को ले जाना चाहता था। बस, झगड़ा कर बैठा और अपनी बायी आँख गँवा दी।

पुलिसिये ने एक गाली दी तो मोबत ने दस सुना दीं। ढाणीवालों ने टोका, पर वह नहीं माना। पुलिसिये ने उसकी आँख में लोहे की छड़ घुसेड़ दी। मोबत ने लपककर ऐसा गुत्था मारा कि वह धूल चाटने लगा।

तब गरबी जाट, धूंकल, रामसिरे और स्योजत ने मिलकर मोबत को पकड़ लिया। बेभाव उसकी धुनाई करने लगे। वह चुपचाप मार खाता रहा। अगर धापली धिराणी ने बीच में पड़कर छुड़ाया होता, तो उसका अन्त दूर नहीं था।

6

निकासी पर अगले रोज डूँगर माता का मेला था। मैं इस छोर से उस छोर तक डोलता रहा। सब मौज में थे, मगन थे, खुशी के हर टुकड़े को जेब में रखने की कोशिश कर रहे थे, चेहरे पर किसी सन्ताप की कोई शिकन नहीं, ठुमकते हुए ऊँट झाग गिरा रहे थे और उनके बाँके सवार मोरचंग में 'गोरबंद' बचा रहे थे। चूड़ियों, झुनझुनों, डोरियों और शक्करपारों की खरीद जोरों पर थी।

धिराणी ने देखते ही आवाज दी, "मिणिया!"

पाँव छुए तो अन्दर तक भीग गयी। गला भर आया। देर तक सिर पुचकारती रही। फिर ओढ़नी की बुगची से दस पैसे का सिक्का निकाला और मेरे हाथ में रखकर बोली—"जा, शक्करपारे लेकर खा ले।"

मैं मुश्किल से आँसू रोक पाया।

धिराणी माँ को सब-कुछ याद था। वह हर मेले में खरचने के लिए मुझे एक टका दिया करती थी।

लतीफ घोंघी

(जन्म 1935)

लतीफ घोंघी का जन्म मध्यप्रदेश के महासमुन्द में 28 सितम्बर 1935 में हुआ। लतीफ जी की प्राथमिक शिक्षा बेलसोंडा पाठशाला में पूर्ण हुई। लतीफ जी को आर्थिक कठिनाइयों से गुजरना पड़ा। लतीफ जी के लेखन का प्रारम्भ 1960-61 में हुआ। वे मुख्य रूप से हास्य-व्यंग्य लेखन करते रहे। आपकी पहली रचना आगरा से प्रकाशित 'नोंक-झोंक' पत्रिका में प्रकशित हुई।

लतीफ जी की रचना में व्यंग्य की तुलना में हास्य की भाषा अधिक है। प्रस्तुत रचना 'मेरी मौत के बाद' व्यंग्य निबन्ध है जो किस्सागोई शैली में लिखा है। लतीफ जी की रचना में व्यंग्य की तुलना में हास्य की मात्रा अधिक है। 'मेरी मौत के बाद' व्यंग्य में लतीफ जी ने मनुष्य की स्वार्थी प्रवृत्ति को उजागर किया है।

मेरी मौत के बाद

—लतीफ घोंघी

यह मेरा दुर्भाग्य था कि मैं मरा भी तो इतवार के दिन। खामखाँ एक दिन की छुट्टी बेकार हो गयी।

मुहल्ले की औरतें जमा हो गयीं। मैं दुःखी हो गया। जीते-जी जिन महिलाओं के दर्शन न कर सका वे आज बेपरदा होकर खड़ी थीं।

मेरी पत्नी जनाजा देखकर रोने लगी। मुहल्ले की जवान औरतों ने समझाया—पगली, मरनेवाले के पीछे नहीं रोते। अभी तुम्हारी उम्र ही कितनी है।

मेरी पत्नी ने पानी पिया, फिर आदतन मेरी जेबें टटोलने लगी। कमीज की जेब से तीस पैसे निकले। फुलपैंट की जेब टटोलकर उसने पासबुक निकाली। बैंक का ब्याज जोड़कर कुल पाँच रुपये चालीस पैसे जमा थे। वह दहाड़ मारकर बेहोश हो गयी। एक अधेड़ औरत ने कहा—"बेचारी पति की मौत का सदमा बर्दाश्त नहीं कर पा रही है।"

मेरी मौत का सबसे अधिक दुःख मौलाना सैफुद्दीन की लड़की को हुआ था जिसे मैं अंग्रेजी की ट्यूशन पढ़ाता था। वह मुझसे अकसर पूछा करती—"सर, क्या मैं पहले से मोटी हो गयी हूँ!" और मैं बेवकूफ मास्टर की तरह उसे जूलियस सीजर पढ़ाने लगता था।

मेरी मौत की खबर सुनकर सबसे पहले मेरे घर पहुँचनेवाला आदमी मेरे स्कूल का हेडमास्टर था। वह खूब रोया। मैंने उससे सौ रुपये उधार ले रखे थे। पड़ोसी बहुत समझाते लेकिन वह आखिर तक मेरी लाश से लिपट-लिपटकर रोता रहा। लोगों ने कहा—"हेडमास्टर हो तो ऐसा। अपने मातहत के लिए कितनी हमदर्दी है। शायद इससे अधिक सदमा तो किसी नजदीकी रिश्तेदार को भी नहीं होगा।"

इसके बाद दहाड़ मारकर रोनवालों में मेरा मकान-मालिक और वह दुकानदार था जहाँ से मैं चावल और गेहूँ खरीदता था।

मेरे लिए सवा रुपये मीटर का कफन खरीदा गया। पत्नी ने रोते हुए कहा—"मेरे मियाँ की आखिरी ख्वाहिश थी कि उन्हें सादगी से दफनाया जाए।"

उसने रोते हुए चोरी से इकट्ठा किये पैसों से कफन का बिल चुकाया। लोगों ने बहुत समझाया लेकिन वह सिर धुन-धुनकर रोती रही। कफन के बिल के साथ उसकी हिम्मत टूट चुकी थी। वह बिलखती रही और मेरा जनाजा आँगन से उठाकर सड़क पर रख दिया गया।

जानजे को कन्ध देनेवालों में सबसे पहला आदमी मेरा धोबी था। उसने कहा–"भाई, होनी को कौन टाल सकता है। मरनेवाला तो मर गया लेकिन मुझे हमेश याद रहेगा। एक कुर्ते में पूरा एक बट्टी साबुन लगता था। उसका उजला कफन देखकर मुझे भी रोना आ रहा है।"

दूसरे कन्धे के नीचे मेरे ही स्कूल का मास्टर था जो मन-ही-मन मुझे गालियाँ दे रहा था–"साले को इतवार को ही मरना था। या खुदा, सब-कुछ करना लेकिन किसी की इतवार को मौत मत देना।"

तीसरे कन्धे पर मौलाना सैफुद्दीन थे जो बीड़ी का तम्बाकू मलकर दबाये हुए जनाजा ढो रहे थे। बे ऊपर से दुःखी थे लेकिन अन्दर से बड़े खुश थे। मुझे उनसे एक माह की ट्यूशन के पैसे लेने थे।

चौथे कन्धे के नीचे मेरा एक विद्यार्थी था। उसे मेरी मौत का कोई दुःख नहीं था। चूँकि कोई चौथा आदमी हट्टा-कट्टा नहीं था इसलिए लोगों ने उसे जनाजे का चौथा कन्धा टिका दिया था।

रेलवे क्रॉसिंग का गेट बन्द था इसलिए जनाजा थोड़ी देर के लिए नीचे उतार दिया गया। जनाजे में शामिल लोगों में से एक ने कहा–"खुदा की कुदरत है। मरने के बाद आदमी कितना भारी हो जाता है।" फिर उन्होंने रूमाल निकालकर पसीना पोंछा और बोले–"या परवरदिगार, मरने के बाद किसी को इतना भारी मत करना कि दूसरों को तकलीफ हो।"

जनाजे के पीछे एक छोटा-सा जुलूस था। जिसमें सौ-डेढ़ सौ विद्यार्थी थे, जिन्हें हेडमास्टर साहब ने एक्सट्रा क्लास के लिए बुलाया था। मुझे अब महसूस हो रहा था कि एजुकेशन डिपार्टमेंट का जनाजा किसी राजनीतिक जनाजे से कम नहीं होता। अपने पीछे चलता हुआ जुलूस देखकर मुझे खुशी हुई। इतना लम्बा जुलूस तो अच्छे-अच्छे नेताओं के पीछे नहीं होता।

कब्रिस्तान पहुँचने के बाद मुझे पता चला कि शहर में मरनेवालों की संख्या बहुत अधिक है। पूरा कब्रिस्तान 'थ्री टायर' के डिब्बे की तरह कब्रों से ठसाठस भरा हुआ था।

जनाजा ज्योंही कब्रिस्तान के अहाते के भीतर दाखिल हुआ, लोगों ने सन्तोष की साँस ली, बीड़ियाँ सुलगाईं, तम्बाकू रगड़ी और हाथ-पैर सीधे किये।

एक सज्जन बोले–"यह कब्रिस्तान हमारे शहर के लिए छोटा पड़ने लगा है।

सीलिंग में बहुत से लोगों की जमीन जा रही हे। हमें इसका फायदा उठाना चाहिए और कब्रिस्तान के लिए दो-चार एकड़ जमीन एलॉट करवा लेनी चाहिए।''

दूसरे ने कहा–''कब्र कहाँ खोदी जाए! मुझे तो कोई खाली जगह नजर नहीं आती।''

बहुत तलाश करने के बाद जो जगह पसन्द की गयी, उसके दाहिनी ओर जनाब इनायत अली 'जख्मी' की कब्र थी। 'जख्मी' हिन्दी के कवि थे जिनकी कविताओं से घबराकर मैं घर में छिप जाया करता था। लेकिन लगता है उनकी सशक्त रचनाएँ जिन्हें जीते-जी सुनने का सौभाग्य मुझे नहीं मिला, मरने के बाद सबक्तव्य सुननी पड़ेंगी।

उनकी कविताएँ तो मैं मरने के बाद सुन ही लेता लेकिन मुझे अफसोस था कि मेरी कब्र के बायीं ओर डॉक्टर जाफरअली हैदरी लेटे थे जो हिन्दी के बड़े आलोचक और प्रगतिशील साप्ताहिक के सम्पादक थे। वे जब तक पत्रिका निकालते रहे, जख्मी साहब की रचनाएँ सधन्यवाद लौटाते रहे। मुझे क्या पता था कि मरने के बाद मैं धुरन्धर साहित्यकारों के बीच फँस जाऊँगा जो मुझे रात में एक घंटा भी सोने न देंगे।

मुझे यह जगह बिल्कुल पसन्द नहीं थी कि कब्र पर फातिहा पढ़नेवाले साहित्यकार पूरे शहर में यह कहते फिरें कि दो प्रतिभाशाली लोगों के बीच एक बेवकूफ मास्टर घुस गया है।

कब्र खोदी गयी और खोदते समय वहाँ एक हड्डी का टुकड़ा निकल आया। मौलाना साहब बोले–''बन्द करो! लगता है यहाँ किसी की कब्र है।''

खुदा ने मेरी सुन ली और मुझे साहित्यिक गोष्ठियों से बचा लिया।

लोग दूसरी जगह तलाशने लग गये और अबकी बार जो जगह चुनी गयी वहाँ मेरे बाज़ू से मेरे शिक्षा अधिकारी लेटे थे, जिन्होंने हाल ही में कुएँ में कूदकर आत्महत्या कर ली थी। आत्महत्या का कारण अज्ञात था। लेकिन लोगों ने यह अफवाह उड़ा दी थी कि मास्टरों के तबादलों में की गयी गड़बड़ी के कारण वे गिरफ्तार होनवाले थे इसलिए कुएँ में कूदे थे।

जिन्दगी भर वे अपने मातहत काम करेनवाले मास्टरों को नालायक समझते रहे थे। मैं नहीं चाहता था कि मेरी कब्र किसी एजुकेशन डिपार्टमेंट के आदमी के पास हो क्योंकि मरने के बाद मैं डिपार्टमेंटल जेलेसी से दूर रहना चाहता था।

दूसरी कब्र तैयार हो गयी। कब्र खोदनेवाले पसीना पोंछते रहे और आखिर तक डरते रहे कि कहीं कोई हड्डी का टुकड़ा न निकल जाए। कहीं ऐसी स्थिति आ जाती तो मेरी कब्र के साथ दो-चार कब्रें और खुद जातीं।

लोग जनाजे की नमाज के लिए लाइन लगाकर खड़े हो गये। नमाज जल्दी से पढ़ी गयी और मुझे कब्र में उतारा गया। लोग कहने लगे–कब्र बहुत सँकरी है,

इससे मरनेवाले को तकलीफ होगी। लेकिन मैं किराये के मकान में रहने का आदी था, लोग बेकार मेरी चिन्ता कर रहे थे। मौलाना बोले–"देखो, मय्यत को तकलीफ न हो। धीरे-धीरे नीचे उतारो।" लेकिन लोग इतने थक गये थे कि उनके हाथों से मेरा शव ही छूट गया और मैं तीन फुट ऊपर से कब्र में अमोनियम सल्फेट के बोरे की तरह पटक दिया गया।

मौलाना बड़े नाराज हुए। बोले–"इस्लाम इसकी इजाजत नहीं देता कि मरने के बाद उसकी मय्यत के साथ ऐसा सलूक किया जाए। खुदा हम सबको माफ करे।"

मेरा मुँह कफन से खोल दिया गया। मौलाना साहब ने ऐलान किया कि जो मेरा मुँह आखिरी बार देखना चाहते हैं, वे कब्र के करीब आ जाएँ।

कोई भी नहीं आया।

एक बच्चा दौड़कर आया जिसे मैंने अंग्रेजी में फेल कर दिया था। वह मुझे देखकर खूब रोया। अपनी छोटी-छोटी हथेलियों से आँसू पोंछता रहा और मेरी कब्र पर मिट्टी डाल दी गयी।

मरने के बाद नेक इंसान के चेहरे पर खुदा का नूर बरसता है लेकिन मुझे इस बात का शक था कि जिन्दगी भर दो सौ पाँच रुपया कमानेवाले मास्टर के चेहरे पर मौत के बाद कभी खुदा का नूर बरस सकता है।

दूसरे दिन स्कूल में शोक-सभा हुई। हेडमास्टर ने अध्यक्षता करते हुए कहा–"उपस्थित शिक्षकगण तथा बच्चो, मैं बहुत दुःखी हूँ कि आज हमारे बीच से भगवान ने एक ऐसे शिक्षक को उठा लिया जिसका जीवन मेरे लिए, मेरे स्कूल के विद्यार्थियों के लिए और नयी पीढ़ी के प्रगतिशील विकास के लिए कितना आवश्यक था, इसे मैं ही जानता हूँ। उसकी मौत से जो क्षति हमें हुई है उसकी पूर्ति असम्भव है। परमात्मा उनकी आत्मा को शान्ति दे।"

दूसरे दिन मेरी क्षतिपूर्ति के लिए डी. एस.ई. साहब ने एक ट्रेण्ड मास्टर को पोस्ट कर दिया।

एक दैनिक अखबार में मेरी मृत्यु का समाचार इस प्रकार छपा था :

"पिछले रविवार को हृदय-गति रुक जाने से श्री लतीफ घोंघी का देहावसान हो गया। वे इतने लोकप्रिय थे कि जिन लड़कियों को ट्यूशन पढ़ाते थे उन्होंने शादी करने से इनकार कर दिया। उनकी शव-यात्रा में विद्यार्थियों की संख्या अधिक थी, वे अपने पीछे पाँच रुपये का प्राविडेण्ट फण्ड और एक खूबसूरत बीवी छोड़ गये हैं।"

मैत्रेयी पुष्पा

(जन्म 1944)

मैत्रेयी पुष्पा का जन्म 30 नवम्बर 1944 अलीगढ़ जिले के सिकुर्रा गाँव में ब्राह्मण परिवार में हुआ। पिता का नाम हीरालाल पाण्डेय तथा माता का नाम कस्तूरी है। मैत्रेयी जी की प्राथमिक शिक्षा सिकुर्रा गाँव में ही हुई। महाविद्यालयी न शिक्षा झाँसी के बुंदेलखंड महाविद्यालय से पूर्ण की।

मैत्रेयी पुष्पा का साहित्य जगत् में प्रवेश बीसवीं शताब्दी के उत्तरार्द्ध से होता है। हिन्दी कथा जगत् में मैत्रेयी नारी सशक्तीकरण की प्रणेता के रूप में उभरी है। मैत्रेयी जी ने स्त्री केन्द्रित रचनाओं का सृजन किया। उनमें परम्पराओं का विरोध, व्यवस्था के खिलाफ संघर्ष, मन की दृढ़ता, विद्रोही स्त्री आदि गुण दिखाई देते हैं।

आपकी रचनाओं में 'चिह्नार', 'ललमनियाँ', 'गोमा हँसती है' कहानी संग्रह साथ ही 'बेतवा बहती रही', 'इदन्नमम', 'चाक', 'अल्मा कबूतरी', 'झूला नट', 'विजन', 'अगनपाखी', 'कही इसुरी फाग', 'त्रिया हठ', 'गुनाह बेगुनाह', उपन्यास प्रकाशित हैं। आपकी आत्मकथा के दो खण्ड 'कस्तूरी कुंडल बसै', 'गुड़िया भीतर गुड़िया', कथेतर गद्य साहित्य में 'खुली खिड़कियाँ', 'सुनो मालिक सुनो', 'आवाज', 'फायटर की डायरी', 'तव्दील निगाहें' आदि रचनाएँ हैं।

'जाना तो बाहर ही है' यह डायरी अंश है। प्रस्तुत डायरी अंश 'फायटर की डायरी' से लिया गया है। स्त्री के प्रति समाज तथा परिवार का देखने का नजरिया, स्त्री अत्याचार को यह डायरी अंश उजागर करता है। हरियाणा पुलिस अकादमी में कार्यरत एक महिला पुलिसकर्मी के जीवन की घटनाओं को इसमें चित्रित किया है जो नारी में आत्मविश्वास तथा संघर्ष जैसे गुणों को दर्शाती है तथा नारी चेतना की ज्योति को प्रज्वलित करती है।

जाना तो बाहर ही है

—मैत्रेयी पुष्पा

मम्मी ने सिखाई हुकुमउदूली!

ऐसी मम्मी की जिन्दगी कैसी होगी? अपने माता-पिता के यहाँ से जब आयी तब भी क्या ऐसी थी? गाँव के लोग कहते हैं, गाय सी सीधी लड़की घूँघट काढ़कर घर के काम में लगी रहती थी। घर साधारण था। दादी अपने बेटे (पापा) को हर तरह से खुशहाल देखना चाहती थीं। आज्ञाकारिणी बहू दादी और पापा के लिए, परख उसके विनम्र चलन से की जाती है, मम्मी समझती थीं। बात अच्छी न लगे, फिर भी सिर झुकाये रहना उन्होंने अपनी आदत में शुमार कर लिया था। क्योंकि चटापट जवाब देने के कारण उनकी शादी के लिए घनघोर संकट उठ खड़ा हुआ था- कारण कि लड़की की जुबान बहुत चलती है। साथ ही मम्मी के पिता का परिवार इतनी सामाजिक प्रतिष्ठा नहीं रखता था कि जवाब देने वाली लड़की को स्मार्ट कहा जाए। और न मम्मी साक्षात उर्वशी थीं कि कोई उनकी सुन्दरता पर जिन्दगी निछावर करने लगे। धन के वे खजाने भी नाना जी के पास नहीं थे, जिनको देखकर वर पक्ष ललचा जाता है। हाँ, मम्मी के लिए गाँव की औरतें कहतीं—बातें तो अक्ल की करती है, झूठ भी कभी नहीं बोलती, चुगली की आदत भी नहीं। इन तीन बातों की गुणशीलता का ग्राहक अब तक कोई नहीं निकला। लड़की रूप मम्मी का सजावट भरा प्रदर्शन हर बार होता, सवाल पूछे जाते कि कहीं गूँगी तो नहीं है। लेकिन सवालों के जो उत्तर मिलते सुनने वालों के कान खड़े हो जाते। और फिर घर के माहौल में हार, तनाव और शोक फैल जाता।

पापा ने मम्मी को देखा तो वह उस समय गूँगी गाय का ही रूप थीं। उनके चेहरे पर उदासी और आत्मपीड़न की छाया थी। वह चुप्पी-भरी और अपराधिनी सी होती गयी। पिता और भाई उनको विवाह न होने की दोषी मान बैठे थे, वह इस दोषारोपण पर क्या सफाई देतीं? वह तो अच्छा हुआ अपनी सहेली के टेलीविजन पर उन्होंने 'मैं चुप रहूँगी' पिक्चर देख ली और चुप्पी पल्ले में बाँध ली। इसमें क्या शक है कि वह 'सुबह' और 'अंकुर' जैसी फिल्म देखकर मुखर हो गयी थीं, जो किसी महिला समिति के प्रोजेक्टर के जरिए गाँव की औरतों को दिखाई गयी थीं। फिल्म

और असली जीवन का भेद उन्हें अपने विवाह तय होने के दरमियान ही पता चला।

दादी की पुत्र वधू ने सबका मन मोह लिया। बहू के बर्ताव का गुणगान गली -मोहल्ले में जिस तरह झँकृत हुआ, वह बहुओं के इतिहास में शानदार था। पापा ने पहली बार दादी की आँखों में सुख की झलकियाँ देखीं। दादी कहती– "अरे हमने भगवान की गाय नहीं मारी, हमारे लिए भी उसके दरबार में न्याय है। तेरे बाप के जाने के बाद क्या हमारी मुसीबतें ईश्वर देखता न होगा?"

मम्मी को देखकर ही दादी ने सोमवार का उपवास करना शुरू कर दिया था और अपनी बहू के व्यक्तित्त्व के विकास के लिए उसमें एक पुत्र रत्न का जुड़ना अपने इष्टदेव से माँगा था। बहू की सार्थकता से गद्गद दादी जिन्दगी पर पूरा भरोसा करके चलती थी। पापा चौड़ी मुस्कान के साथ मम्मी को साड़ी, चूड़ी, अल्ता देते।

मम्मी! जिसके दिमाग में हलचल सी रहती और होंठों पर चुप्पी कहीं टूटती सी नजर आती। महिला समिति के प्रोजेक्टर कहते—नहीं, यह जीवन की सार्थकता नहीं। यह सब ब्याह की मजबूरियाँ हैं। माना कि पति और सास मेरा परिवार हैं, सुख-दुख में साथ हैं। पर मेरे मन को वे क्या समझ पाएंगे?

पतिव्रता का धर्म निभाते हुए मम्मी ने एक बेटी को जन्म दिया। पहला लड़का जहाँ अपने जन्म के साथ घर-परिवार में खुशियाँ भर देता है, और अपनी माँ और सौभाग्यवती बना देता है, वहीं पहली लड़की अपने जन्म से निराश तो करती है, लेंकिन बहू की कोख उर्वरा है, इसकी गारंटी तो देती ही है। बस इसी आशा में मम्मी की बेटी के जन्म को झेला गया कि बेटी हुई है तो आगे बेटा भी होगा।

बेटा भी हुआ। दादी बावली सी हो गयी। खुशियों को किस तरह बाँटें कि वे दोगुनी-चौगुनी हो जाएँ। पापा का वंशवाहक आ गया, दादी को इससे बड़ी तमन्ना शायद कुछ नहीं थी। पापा मम्मी को विजय की देवी की तरह देखने लगे। सुगढ़ सुपात्र कुलवंती लज्जाशील बहू के लिए घर का रूप था– 'सास सुशीला, स्वामी सहृदय करते गहनों से सत्कार' हलकी सी मुस्कान के साथ मम्मी सोचतीं, अपनी साफगोई बेबाकी के कारण ब्याह के पहले, बहू-परीक्षा में वे किन काटने-छीलने वाले दौरे से गुजरी हैं, क्या उनकी टीसें, इस घर के व्यवहार से मिट गयी? यह सब अपनी प्रकृति, स्वभाव या सोचने की शक्ति को सुला देने का नतीजा है। मम्मी को अपनी ही बातों पर ताज्जुब होता और ओढ़े हुए व्यवहार पर ग्लानि। मगर इस घर में अभी तक तो ठीक ही था। यहाँ कुछ ऐसा तो नहीं हुआ कि भुगतान पड़े, सिवाय स्वभाव में जरूरत से ज्यादा विनम्र होने और सास और पति की बात से अपनी अलग राय दिखाने का साहस न करने के।

मम्मी के बेटे को पोलियो हो गया, मगर गनीमत रही कि जल्दी ही इलाज मिल गया। हल्की सी कमी रह गयी नहीं तो वह चलता-फिरता, गेम खेलता है।

मम्मी के मन में महिला समिति द्वारा प्रोजेक्टर में दिखाई जाने वाली औरतें

अब भी जिन्दा होंगी, मम्मी को खुद पता नहीं था। वह तो अचानक ही सोच बैठीं—दो बच्चे हैं, अब नसबंदी कर ली जाए।

"बच्चे बन्द!" पापा ने पूछा बुझे स्वर में।

मम्मी से अभी किसी ने घर में कुछ नहीं कहा, मगर उन्हें यह समझने में कठिनाई नहीं हुई कि उनके इधर-उधर होने पर सास और पति की चर्चा और चिन्ता का विषय वही होती हैं। उनकी परछायी भी दिखती है, तो चुप्पी छा जाती है। यों तो सास और पति ने घर के मामले में 'अच्छी बहू' को दखलन्दाजी वाला महत्त्व कभी नहीं दिया, लेकिन अब तो बातचीत से भी अलग-थलग डाल दिया। ऐसे में मम्मी अक्सर ही कुछ पढ़ने लगतीं। मन में भी यही आया कि कुछ दिन के लिए मायके चली जाएँ तो सास और पति को छुपकर बातें तो नहीं करनी पड़ेंगी। मायके में नसबन्दी की भी इतनी जल्दी न होगी। "वैसे यह ऑपरेशन मायके में भी हो सकता है, लेकिन मैं किसी को धोखा देना नहीं चाहती", मम्मी ने सोचा।

मायके से दो महीने में लौटीं और उन्हें सबसे पहला काम 'नसबन्दी' का करना था। पापा का ऑपरेशन या उनका।

"दो बच्चे बहुत हैं", मम्मी ने पापा को सलाह दी। और पापा की ओर देखा।

"एक ही तो बेटा है, तुम दो बच्चे क्यों गिन रही हो?"

"अरे! बेटी क्या हमारा बच्चा नहीं है?"

"वह पराये घर की है"।

"तब क्या हमारी एकदम नहीं रहेगी?"

"तुम क्यों अपने पीहर में नहीं रहतीं, सदा-सदा के लिए? रहकर देखो। छह महीने में ही अन्तर पता चल जाएगा कि तुम अपने बाप के घर की कितनी हो।" पापा की आवाज में तल्खी आने लगी।

"लड़का भी क्या पता, कितना रहेगा हमारे यहाँ, हमारे घर। शादी के बाद क्या बेटे माँ-बाप से अलग होते नहीं?" मम्मी ने समझाया।

"हो जाते हैं अलग, लेकिन पराये नहीं होते बेटे। और सुनो, आगे बहस मत करना मुझसे। मेरा हाथ उठ जायेगा।" पापा आवेग में आ गये।

मम्मी खामोश हो गयी। मम्मी ने यही सोच लिया—हम पति-पत्नी हैं, जिनमें आपसी समझ का कोई रिश्ता नहीं होता। नाता है केवल आज्ञा देने वाले... पति और सिर झुकाकर आज्ञा मानने वाली पत्नी का। इसकी पहली और आखिरी शर्त है चुप रहना। कुछ भी बोलकर कलहखाने का जोखिम उठाना है। कलह, मारपीट तक आ जाएगी।

"कितना ही बचा जाए, लेकिन पति के घर की परम्परा का डंक कलेजे में पूरे पैनेपन के साथ छुपा हुआ था। समझ गयी कि पति को दूसरा बेटा हर हालत में चाहिए। सास मुझे ही सुनाकर कहावत कहती हैं कि—सौ में सौ रुपया क्या, बेटे

में एक बेटा क्या? यहाँ कोई मेरी इच्छा नहीं देखता। मैं, मैं जिसे बच्चे को नौ महीने का कष्ट सहकर गर्भ में रखना है, अपना शरीर चीर-फाड़ से गुजारकर जानलेवा दर्द सहकर उसे जन्म देना है। इनका वंश मेरी जिन्दगी को दाँव पर लगाकर चलेगा... सास खुद औरत हैं, गर्भ और जचगी से गुजरी हैं, क्या वह उस तकलीफ को भूल गयीं। याद नहीं कि आदमी का बच्चा बड़े होने में माँ की जिन्दगी के कितने साल ले लेता है?"

क्या किया जाए? मम्मी का यह सवाल घर के वातावरण में बवंडर की तरह घूमकर उनके ही दिमाग में छा जाता। अब तक के जीवन में सहने और चुप रहने की सामर्थ्य उन्हें यहाँ तक ले आयी। यह मम्मी की तकलीफ का ऐसा सुनहरा युग था, जिससे पति और सास के घर उजाला फैलने वाला था। इसलिए भी कि नए बेटे के जन्म से पोलियो ग्रस्त बेटे का दुख आधा रह जाएगा। उनके सुख का माध्यम बनना होगा मम्मी को। अपनी जान पर खेलकर जितनी खुशी दे सकती हो, दो। नहीं तो...

पापा शराब पीने लगे। तर्क था कि इस घर में दुख बहुत हैं। पोलियोग्रस्त बेटा वह भी अकेला, माँ-बाप के बाद उसे कौन देखेगा?

गर्भधारण न हो जाए, इस आशंका में मम्मी पापा से अलग रहतीं। पापा उन्हें जलती आँखों से देखते, कहते कुछ नहीं। पति के साथ इस दुविधाभरी स्थिति का पहला मौका आया। मम्मी उन्हें समझाने के लिए कुछ कहने ही वाली थी कि पापा बोले– "साली, हरामजादी, हमें धोखा देती है! सीधे कह कि तू हमारे कुल का नाश चाहती है।"

मम्मी अपनी जगह बैठी रहीं। पापा बाहर निकल गये।

वह रात का समय था। मम्मी ने थाली परसी। पापा चारपाई पर बैठे थे। बल्ब के उजाले में उनका चेहरा भयानक सा लग रहा था। आँखे निकल रही थीं और ऊपर का होंठ मम्मी को टेढ़ा सा लगा।

खाने की थाली चारपाई पर रख दी और मम्मी ने पूछा–"हाथ धो लिए? हाथ धे लेते।"

पापा ने थाली आँगन में दे मारी। साग-सब्जी जमीन पर फैल गये। रोटियां एक ओर पड़ी थीं। मम्मी डर गयी। अपने गाँव मे भी पतियों का ऐसा व्यवहार उन्होंने देखा है। वे लोग नमक कम मिर्च ज्यादा जैसे नुक्स निकालकर थाली फेंक देते थे। आज मम्मी को पता लगा कि यह खाने का अपमान नहीं, खाना बनाने वाली की तौहीन है। इस तरह उसे उसकी औकात बताई जा सकती है।

मम्मी से न रह गया, बोलीं–'एक तो नशा करके आये हो, ऊपर से अन्न का अपमान कर रहे हो। क्या कमी है खाने में? चखकर तो देख लिया होता!"

पापा हुंकारे- "तू! किसे चख-चखकर देख रही है, जो मैं नहीं सुहाता तुझे!

मौजमस्ती कर रही है, बच्चा पैदा क्यों करेगी?''

''क्या-क्या बक रहे हो! जुबान पर लगाम नहीं।''

''अच्छा।'' मेरा बोलना बुरा लगता है, कहकर पापा उठे और मम्मी पर झपट पड़े। लात-घूँसा चलाया पूरी ताकत से। फिर चिमटा हाथ लग गया। चिमटे से मारने लगे। मम्मी ढेर हो गयी जमीन पर। पापा हाँफने लगे।

कितनी चोटें लगीं कौन देखनेवाला था। सास खुद चुहिया की तरह कोठे में छुपी हुई थीं। बचाने तक नहीं आयी। तब मम्मी अपने सास की असलियत समझ गयी। मालिकी छाँटने वाली बुढ़िया बेटे की दया पर है। उसकी हालत मम्मी से भी बुरी है, जो बेटे के खिलाफ उफ् तक भी नहीं कर सकती।

सबेरे देर तक सोते रहे पापा। मम्मी अपने काम में लग गयीं। बच्चे क्या जानें कि मम्मी पर क्या बीती है रात।

अब एक सिलसिला था। पापा पीकर आते और मम्मी को पीटते। कैसी-कैसी गालियाँ देते, वर्णन करना बहुत मुश्किल है। मम्मी का सम्बन्ध गधों-घोड़ों से जोड़ते। उनके मिलनेवालों से जोड़ते। साथ में यह ऐलान– ''निकल जाना यहाँ से। इस घर में तेरा क्या है?''

एक दिन बुआ अचानक आ गयी। पापा ने मम्मी के जेवर निकाले और बुआ को सौंप दिये, बोले– ''इस रंडी का क्या भरोसा?''

मम्मी रोने के सिवा क्या करे? उनकी नरमी का फल है यह, या हठ का? और बच्चे नहीं करने, किसी हालत में नहीं करने।

पापा शराब में डूब गये। बस चलाते थे, उसमें घाटा आ गया या दारूबाजी और नशे के कारण लापरवाहियाँ हुईं। कर्जदार हो गये। मम्मी को उनकी सास समझातीं–''बच्चा कर ही लेती तो इतनी बरबादी न होती। आदमी से तेरी पेश नहीं जाएगी।''

मम्मी सोचतीं, पति बनने के बाद उनका अपना बेटा भी इतना ही क्रूर और कसाई हो जाएगा? क्या सारे नौजवानों की यही गति होती है, आगे यही होनी है? अब तो सामने अन्धी गली है पति रूपी साँड़ सामने से सींग लहराता आ रहा है, बचने की कोशिश में दीवार से ही टकराना होगा।

मायके के लोग कन्यादान करके गंगा नहा आये थे। उनका आखिरी सन्देश यही था– डोली में विदा हो रही है बेटी, अरथी उसी घर से उठे। अर्थात अब पीछे पाँव रखने लिए जमीन नहीं। मायकेवालों की बोली भाषा न तो रूखी थी, न कठोर, पर उसी जुबान से उन्होंने अपनी बेटी के लिए अपने घर का रास्ता बन्द कर दिया।

घर में घाटा है तो आटा-दाल कहाँ से आये? मम्मी अब दूसरों के खेतों में काम करने लगीं। भैंसें खूँटों पर जरूर थीं, मम्मी उनकी सेवा करतीं। दूध-घी बेचकर घर का खर्च चलता। शराबी आदमी का भरोसा भी क्या, अफसोस भी क्या?

मम्मी कहाँ चूकीं कि पैदा हो गई—घर में दूसरी बेटी!

पापा को कैसा लगा होगा? कहते हैं कि कुछ पलों के लिए पापा सन्न-अवाक् थे। लड़की नहीं, यह हादसा हुआ है उनके साथ। उनके वंश के लिए एक और आघात।

मम्मी दर्द पीर भूलकर इतनी डरीं कि बेहोशी छाने लगी। इसी हालत में उनकी पिटाई होगी तो वे भाग तक न सकेंगी, यहीं मर जाएँगी। लेकिन यह वक्त कमजोरी दिखाने का नहीं था, मम्मी अपनी घायल देह में होती टीसों के बावजूद उठकर बैठ गयीं और बेटी को आँचल में ढक लिया।

मम्मी को यह मुद्रा देखकर पापा को लगा होगा, यह औरत खुद मर जाएगी, लेकिन लड़की को बचाना चाहती है। इसने मेरे कहने पर गर्भ रख लिया। मेरी हालत पर तरस खाया। इसे मारूं या छोड़ूँ। मम्मी-पापा का चेहरा देखकर उनकी दुविधा समझ रही थीं और यह भी जान रहीं थीं कि यह नाकारा आदमी घर को रसातल में डुबों चुका है। कर्ज का बोझ सिर पर है। यह क्या कहने लायक है। मम्मी असलियत को समझना चाह रही थीं— दारू आदमी को दानव बना देती है या दीन। पापा इस वक्त दीन हालत में हैं। हीन भावना से ग्रसित। ऐसा सोचकर मम्मी अपने भीतर उठती दहशत को दबा रही थीं। वह लड़की मैं थी। हाँ वे मुझे पापा के सामने एक पल को भी अकेली नहीं छोड़तीं। दहशत का बीज आशंकाओं और सुरक्षाओं के रूप में अंकुरित हो रहा है।

पापा जमकर शराब पी रहे थे। मम्मी, जो भी कमातीं, पापा झपट ले जाते। कभी-कभी तो मम्मी दहाड़ मारकर रो पड़तीं और अपना मुकद्दर ठोकतीं— पति नाम के इस नाकारा, नशेड़ी और चिढ़े हुए जीव से छुटकारा भी तो नहीं। क्या गृहस्थ की जिन्दगी का ऐसा ही नक्शा होता है?

मैं जिन्दा तो रही दूसरी लड़की के रूप में, लेकिन पिता की नफरत का मेरे लिए टोटा न रहा।

माँ ने फिर एक बेटे को जन्म दिया। इस बात पर मुझे आज भी लगता है कि मम्मी तो दो बच्चों के बाद ही नसबन्दी कराना चाहती थीं, फिर बच्चा क्यों हुआ? वैसे मम्मी बताती हैं कि इस घर में रहने भर के लिए ही नहीं, अपने बच्चों को पालने के लिए उन्हें, पापा के लिए; यह सब करना पड़ा। छोटे-छोटे बच्चों को लेकर किसके घर रहतीं? यह कोई शिशुओं की माँ से पूछे कि कौन उसे आने देगा अपने घर।

कोढ़ में खाज! वह भाई छह दिन का था, तभी उसे टैटनैस हो गयी। पापा ने उसे बचाने के लिए भैंस और घर गिरवी रखने का इरादा कर लिया। बुआ को साथ लेकर पापा उस बच्चे के साथ दिल्ली के बड़े अस्पताल में गये। मम्मी बताती हैं तो मैं यही सोचती हूँ, मैं लड़की थी, इसलिए ही पापा चाहते थे, मैं मर जाऊँ।

लेकिन वह लड़का बचा नहीं। पापा के दुख का पारावार नहीं था और मम्मी

जिद पर चढ़ गयीं कि बस बहुत हो चुका, अब वह ऑपरेशन कराएँगी। किसी हालत में आगे बच्चा पैदा नहीं करेंगी।

पापा रोने लगे। गिड़गिड़ाने लगे- "बस एक बार और, एक बार।" इस एक बार को ऐसे देखा जा सकता है, जैसे मम्मी ने कंकड़-पत्थरों भरे रास्ते को छोड़कर मखमली कालीन पर पाँव धर दिया हो। कहाँ पापा मरने की धमकी दे रहे थे, उन्होंने कीटनाशक दवा भी खा ली थी। मम्मी के राजी होते ही उनके लिए चाँद-सितारे तोड़ने के लिए तैयार हो गये।

क्या थीं मम्मी, क्या हो गयीं? उन्होंने अपनी आत्मा के अंश का खात्मा क्यों कर दिया? पति के प्रति यह अतिरिक्त उदारता क्यों बरती, जिससे अपनी स्त्री-नस्ल को नीचे गिराया। मैं तो नदी में कूदकर जान दे देती मगर बच्चा पैदा न करती। इस बात पर मम्मी कहती हैं– जान दे देने से समस्याएँ सुलझ जातीं तो बाकियों की जिन्दगी बहुत आसान हो जाती। कहते हुए मम्मी की आँखें डबडबा आयी थीं। लग रहा था जैसे वे आज भी अपने उसी दोजख में जल रही हैं। उन्होंने कहानी सुनाते समय मुझे जिन निगाहों से देखा, वे नजरें मैं भूलती नहीं।

दूसरे बेटे की चाह में फिर एक लड़की और पैदा हो गयी। मम्मी असफल विद्रोही की तरह जचगी में पड़ी हुई थीं और पापा पछाड़े हुए योद्धा से, जिसे पागल होकर मरना हो या फिर नशे की आड़ में कुछ समय निकाल देना हो। परिवार नाम की संस्था में पुरुष की निरंकुशता का फल नफरत के रूप में औरत भोग रही है, मम्मी समझ रही थीं। नाकेबंदी, घेराबंदी की जकड़न उनसे ज्यादा कौन जान सकता? हर बार लड़की के वध के मंसूबे बाँधे जाते, हर बार मम्मी को सिर से कफन बाँधकर सामने आना पड़ता।

मम्मी की सास यानी दादी पापा की सहयोगी बनी दिखती थीं। बुआ भी उसी स्वर में बोलती थीं– "हां, एक लड़का और हो जाए।"

'एक लड़का' होने की आशा में गाँव में सात और आठ लड़कियाँ पैदा होने के उदाहरण हैं। मम्मी ने मिसालें गिनाईं।

"बहुत हो चुका। जो सहमति देते नहीं हैं, उनसे अनुमति लेना क्या? वे इस लायक नहीं हैं कि मेरे लिए फैसले देते रहें। मैं किसके ऊपर भरोसा करना चाहती हूँ। अपने ऊपर से क्यों विश्वास हटा लिया? अब इस घर में जो चाहूँगी, वही होगा। "मुझे किसी से सलाह नहीं लेनी।"

मम्मी ने बिना बताये अपना ऑपरेशन करा दिया।

दादी को पता चल गया।

पापा को भी किसी ने बता दिया।

मम्मी के तेवर ऐसे थे, जैसे कह रही हों, तुम सास हो तो रहो, तुम पति हो तो बने रहे, मगर तुम दोनों अब मेरे लिए वह नहीं, जिसके साथ मैं अपना कुछ भी

बाँट सकूँ। तुम दोनों परेशान हो, लेकिन मुझे तुमने कितना-कितना परेशान किया है।

दादी ने मम्मी से बोलना बन्द कर दिया। वैसे भी दादी उन दिनों बीमार थीं। बीस दिन से तबियत ज्यादा खराब थी।

'मैंने बिल्कुल ठीक किया'' मम्मी ने कह दिया था। वह चूल्हे के पास बैठी बुझती आग में लकड़ी डाल रही थी। दादी जिसे गुस्सा आने लगा था, मम्मी की ओर अपनी खाट पर करवट बदलकर रह गयी। फिर लेटी ही लेटी भरे गले से बोलीं- ''एक और जन ले लौंड़िया, मेरे पूत के आँगन के चारों कोने भर जाएंगे।''

मम्मी कुछ देर चुप रहीं, मगर अपनी बात कहे बिना रहा नहीं गया, बोल पड़ीं– ''अब यह आंगन हमारा है, हम इसके दो कोने भरें या चार। पूत-पूत कहकर हमें न धमकाओ।''

मम्मी को क्या पता था, यह दादी से उनकी आखिरी बात है। उसी दिन दादी का स्वर्गवास हो गया। मोहल्ला, पड़ोस में दादी की बीमारी को मौत का कारण किसी ने नहीं माना। ज्यादातर लोगों की राय थी, बुढ़िया बहू की नसबन्दी के सदमे से मरी है। सास की मौत का दोष इस बहू के सिर है।

अब हम बड़े हो गये थे।

प्यार से या नफरत से पालो, बच्चे को तो बढ़ना ही है। पापा ने दादी के मरने के बाद शराब पीना छोड़ दिया। शायद इसलिए भी कि एक नौकरी उन्हें मिल गई थी। नौकरी शराब पीकर निभ नहीं सकती थी। हम सिरसा में रहने लगे। यहाँ पढ़ने की सुविधा थी। स्कूल तक आने-जाने के साधन थे।

नौकरी लगने पर पापा ने बड़ी बहन की शादी कर दी।

हम तीनों में भइया बड़ा था, मैं और छोटी बहन उससे छोटे। मैं देख रही थी, पोलियो का असर होने के कारण या लड़का होने के कारण भइया को महत्त्व मिला। अब पापा की जगह भइया का शासन चलता।

''पापा, मैं पैरामैडिकल पढ़ना चाहती हूँ।'' मैंने अपनी इच्छा जताई। पापा से पहले भइया बोला– ''पैरामैडिकल कैसे करेगी? यहाँ तो यह सब्जैक्ट ही नहीं।''

''मैं दूसरे शहर जाऊँगी। पर करूँगी पैरामेडिकल ही।''

''पागल तो नहीं हो गयी है?'' भइया व्यंग्य से मुस्कराया। उसकी कद-काठी से रौब झलक रहा था। घर में कोई कुछ नहीं बोला।

मैं, अपनी मर्जी की बात कहूँ तो भाई बीच में क्यों कूद पड़ता है? इसने अपनी मर्जी के सब्जैक्ट लिए हैं, मुझे पापा ने अपने हिसाब से विषय दिलवाए। यह भी कोई बात हुई?

मैंने फिर अपनी बात सबके बीच दोहरा दी, मैं या तो पैरामेडिकल करूँगी,

या फिर जरनलिस्ट बनूँगी। पत्रकार।

"अपनी औकात में रह।" भाइया ने पापा के सामने कहा। मम्मी को सुनाकर कहा और कुछ गुनगुनाता हुआ बाहर निकल गया।

मैंने उस रात खाना नहीं खाया। किसी ने भी ध्यान नहीं दिया। पापा के हिसाब से मैं अपनी बात मनवाने के लिए नाटकबाजी कर रही हूं।

मम्मी मेरा पक्ष लेकर लड़ने लगीं तो पापा और भइया एक हो गये। पापा बोले–"एक दिन यह लड़की बिना बताये निकल जाए तो, कह देना उसकी इच्छा थी। बदनामी तो हमारी होगी। तुझसे कौन पूछेगा?"

मुझे लगा, मैं भाग ही जाऊँ क्योंकि इस घर की दुनिया मेरे लिए नहीं है। मगर मुझसे कुछ न हुआ। अपने दुख पर नियन्त्रण कर रही थी। बात-बात पर मम्मी की गुहार भी मैंने छोड़ दी।

ज्यॉग्राफी के लिए कहा था, मना में उत्तर मिला। मैं फिर क्या करूँ? कुछ भी न करूँ?

मुझे लेकर मम्मी अपराधबोध से भरी रहती हैं, जैसे उनकी शै पर मैं जिद करती हूं। मम्मी से कहती हूँ, यह मेरी जिद है, बस तुम इस पर ना नहीं बोलतीं। मैं जानती हूं मम्मी, या तुम्हीं से सीख गयी हूँ, अपना-अपना बोझ खुद ढोना है। तब मुझे लगता है कि मैंने अपने फैसले खुद ही क्यों नहीं लिए? इस घर से खर्च बन्द हो जाता, मैं ट्यूशन कर लेती।

मम्मी चुप थीं। उनकी चुप्पी में अक्सर सहमति छिपी रहती है, लेकिन अबकी बार उनका सिर मना में हिला।

उन्होंने अपना मत रखा– "सविता, तू यह घर छोड़ने की क्यों सोचती है? तेरा जन्म भी तो यहीं हुआ है, तेरे भाई की तरह। तेरा हक इस घर पर है, जैस सोनू का है। तू सबसे पहले अपने साथ न्याय कर। मैंने अपने अनुभव से यह सीखा है कि आदमी अपने साथ अन्याय सबसे पहले कर डालता है। फिर उसे खुद्दारी कहता है कभी त्याग।"

मेरे दुख का हर रेशा मम्मी से जुड़ा है, मैंने मान लिया।

'गंगा जल' फिल्म टाकीज में लग गयी थी। मैंने और सुमन, मेरी सहेली ने फिल्म देखने का प्रोग्राम बना लिया। तीन घंटे का समय फिल्म के लिए है। मम्मी को सब कुछ बता दिया था।

सिनेमा देखकर लौटी तो सबसे पहले दरवाजे पर खड़ा भाई मिला। उसकी पैंट और टी शर्ट से ही मैं पहचान गयी थी। मगर नहीं देख पायी कि उसके हाथ में हॉकी है। देख भी लेती तो मान लेती कि वह खेलने जा रहा होगा।

पापा पास ही कुर्सी डालकर बैठे अखबार में कुछ देख रहे थे जिसे उन्होंने

धरती पर रख दिया और भइया को देखने लगे।

मुझे बाहर से आते देखा तो सोनू भइया दहाड़ा– ''तू भीतर घुसी तो मुझसे बुरा कोई न होगा।''

''क्यों? मैं घर में न जाऊँ?'' मेरी आवाज स्थिर थी।

''आवारागर्दी करेगी और घर में रहेगी?''

अभी भइया मुझ पर झपट ही रहा था कि छोटी बहन आ गयी और चिल्लाकर रो पड़ी। लेकिन भइया कहाँ रुका। वह तो न जाने कब से घूँट-घूँट गुस्सा पी रहा था। पूरा जोर लगाकर हॉकी मेरी पीठ पर मारी। मेरे मुँह से चिंघाड़ निकली होगी। मैंने नहीं सुनी, मगर मैंने उसका हाथ इतनी जोर से पकड़ लिया कि वह गालियां बकने पर आ गया– हरामखोर, घर में घुसकर देख। आवारा, कुतिया।

पीठ में रीढ़ जल रही थी और दर्द के मारे मेरा मुंह टेढ़ा हुआ जाता था।

वह बके जा रहा था– ''जिसके साथ गयी थी, मैं जानता हूँ। वह तेरी दोस्त है न सुमन, उसका यार दिखाने ले गया होगा पिक्चर। तू क्या समझ रही है, एक-एक बात मुझे पता चल जाती है। तेरी सहेली का उससे ऊल-जलूल सम्बंध निकला तो मैं तुझे जान से मार दूँगा?''

''जान से मार देगा।''

पापा ने भाई से कहा–''लड़की को घर के भीतर जाने दो।''

मुझे लगा, पापा ने मुझे गिरते-गिरते साध लिया है। दोनों बातें मेरे लिए अप्रत्याशित थीं। न यही जानती थी कि हॉल में फिल्म देखने पर ऐसी सजा मिलेगी, न यह सोच सकती थी कि घर में शेर की तरह रहता भाई पापा के द्वारा अचानक कस दिया जाएगा। मैंने महसूस किया, एक पुरुष में से पिता की तस्वीर बाहर निकल आयी है। मैं अपने पापा के व्यवहार पर इतनी कृतकृत्य, जितना कि भाई सारे हक, सारी सुविधाएँ हड़पकर भी पापा के प्रति अहसानमंद नहीं था। हम बहनें तो ऐसे ही थे, जो इस घर में प्यार की बूँद-बूँद को तरसते थे।

भाई मेरी सहेली सुमन और अशोक नाम के लड़के के सम्बन्धों की जाँच में लग गया। यदि वहाँ कुछ निकलता है तो मेरी खैर नहीं। पापा इस बात पर मुझे माफ नहीं करेंगे। समझ में नहीं आ रहा कि आखिर मेरी गलती क्या है, और हमारे पापा, भइया चाहते क्या हैं? अब पापा और मैं घर में थे, आँगन में।

''क्यों गयी थी हॉल में फिल्म देखने?'' पापा ने धीमी मगर जबड़ों में भिंची आवाज में पूछा।

''हॉल में तो सभी देखते हैं पिक्चर।'' मैंने थूक सटक-सटककर जवाब दिया।

''सब देखते होंगे। हमारे घर की लड़कियाँ नहीं।''

''क्यों?'' मेरे मुँह से अचानक निकल गया।

'तड़ाक्-तड़ाक्' दो थप्पड़ मेरे गाल पर। चेहरा झन्ना गया। लगा कि सिर ही

सुन्न हो गया। कैसे थप्पड़ थे ये? पापा के मजबूत हाथ थे या शराबी के नशे के जोश के?

"जुबान लडाती है बेशरम" कहते हुए पापा की जुबान लड़लखड़ा रही थी। मैं सोच रही थी भइया से पापा ने मेरे पक्ष में जो कहा, यह उसी का नतीजा है। पापा भइया को दी जाने वाली हिदायत पर पछता रहे हैं। क्या पापा को मुझे पीटने के लिए कोई पछतावा होगा?

"नहीं, नहीं होगा" यह मम्मी ने कहा था, जब उन्होंने मेर मार-पीट की बात मुझसे ही सुनी और यह सवाल भी कि पछतावा...

'नहीं होगा बेटा, पछतावा हरगिज नहीं होगा। यह तो वे तुझे सुधारने के लिए कह रहे हैं, यही मानेंगे वे। फिल्म देखने जाने से रोकने को भी तेरा चरित्र सुधारने का तरीका मान रहे हैं। अब सोच ले, इस आदमी के साथ मैं पच्चीस वर्ष से कैसे रही हूँ?"

मम्मी उठकर गयी तभी के तभी। पिता से कहा–बहुत हो गया। इस घर में औरतों पर हाथ उठाने की तुम्हें आदत ही नहीं, इसी में अपनी मर्दानगी मानते हो। क्या किया सविता ने? तुम लोगों की तरह नशा किया? किसी का कर्ज मारा? सोनू की तरह अपनी बहन को पीटा? सारे कुकर्म तुम लोग करते हो और सजा देते हो घर की औरतों और लड़कियों को। तुम्हारी ताकत की आजमाइश का जरिया हम हैं? हाँ, हम, जिनकी फरियाद भी तुम्हारे खिलाफ कोई नहीं सुनेगा, तुम यह जानते हो।

"मम्मी चुप रहो। पापा ने डंडा उठा लिया है, मम्मी... "छोटी बहन आंगन में खड़ी माँ से लिपट गयी।

मम्मी एक हाथ से पापा के डंडे का वार रोकती हुई एक हाथ से बहन को अपने पीछे धकेल रही थीं। और ख़ुद ने झपटकर दराँती उठा ली। पूरी ताकत से दहाड़ी– आ, आजा। मैं तुझे काट दूँगी, चाहे फाँसी चढ़ जाऊँ। ले आ अपने लढ़ेंतें को, अब मैं उसकी मां नहीं, हरगिज नहीं...इसी में समझ लो।

भाई घर में नहीं था और मम्मी पर जाने कौन सी चंडी चढ़ गयी थी, वे हाथ से हँसिया छोड़ती ही नहीं थीं।

पापा अब शाँत हो गये, उन्होंने कहा– "तू तो गाँव भर में हमारा जुलूस निकालने को तैयार है। औरत के नाक न हो तो गू खा ले। मगर हम अपनी इज्जत बचाये हुए हैं, तुझ जैसी मिल जाये तो शरमदार का मरना होता है।"

मम्मी को कड़वी हँसी आयी। उन्होंने अपने सिर को झटका देकर कहा– 'वाह रे शरमदार!"

भाई के आने तक घर में सब शाँत था। हाँ, जब से पापा ने मुझे लेकर उसे डाँटा था, तबसे उसने पापा के साथ बोलचाल बन्द कर दी थी। और पापा इसी बात पर परेशान रहने लगे थे। इसकी जड़ वे मुझे बता रहे थे और कहते थे, सोनू ठीक

ही तो कहता है, क्या जरूरत है इधर-उधर भटकने की? टी वी पर क्या फिल्म नहीं आती? यहाँ बैठकर नहीं देखा जाता?

मैं पढ़ाई करते समय इतनी विचलित रहती, जितनी कि हाथ-पाँव बाँधकर घर में डाली जानेवाली कोई लड़की। पापा और भाई मुझे घर में देखकर जितने सन्तुष्ट रहते, मैं उतनी ही अकुलाती। पानी से निकालकार रेत में डाली हुई मछली मैंने देखी है, मैं इसके सिवा क्या थी? जेल में बंद कैदी के रूप में मैंने अपनी नजदीकियों को देखा है, मैं उनसे अलग कहाँ थी?

इन्हीं दिनों फिर एक नियम का उल्लंघन हो गया। मुझे और छोटी बहन को भाई ने जींस पहने देख लिया। हमारी इच्छा पर मम्मी ही दोनों बहनों के जींस लाई थीं। हम नये लिबास में अपने को फिट करने का अभ्यास कर रहे थे। दुपट्टे से छुटकारा किसी फन्दे से छुटकारा लग रहा था। मैं और छोटी बहन चहक रहे थे, मम्मी खड़ी-खड़ी निहाल थीं। कह रही थीं– "मैं अपने बचपन में यही सोचती थी कि हमारे इलाके में लड़कियाँ पैंट और जींस जैसी चुस्त-पोशाक कब पहनेंगी? मुझे पहनने को नहीं मिला यह सब, तब मैंने सोचा– अब तुम पहनो। रेस लगाओ। कूदो। गेम खेलो।"

मम्मी की आकांक्षाएँ। मम्मी के सपने! मम्मी की बातें हमें कितनी-कितनी रास आ रही थीं। मैं-देखती उन मांओं को जो बेटी को गृहस्थ करने के नुस्खे बतातीं, एक हमारी मम्मी जो हमें कुछ अलग ही तरह से देखती हैं। क्या इसलिए ही भाइया और पापा हम पर सख्ती बरतते हैं?

आज भइया के हाथ में हॉकी और डंडा नहीं था। उसके चेहरे पर क्रोध भी दिखाई नहीं दिया। उसने चुपचाप ही छोटी बहन की चोटी पकड़ ली। चोटी घसीटकर उसे घुमाने लगा। बहन 'अरे अरे' चिल्लाने लगी। मम्मी ने आव देखा न ताव, झपटकर भइया का कान पकड़ लिया और इतनी जोर से उमेठा कि खून निकल आया। वह चिंघाड़ पड़ा। बहन को छोड़ दिया।

"अब क्यों चिल्लाया? पता लगा, चोट कैसे लगती है? पोलियो ने तो तुझे थोड़ा लँगड़ा किया है, मैं तुझे पूरा लँगड़ा कर दूँगी। आज तेरा यह हाल है, हमारे बाद तू लड़कियों के साथ कैसा सलूक करेगा? राक्षस, तू लड़कियों के 'राखी दौज' जैसे त्योहारों का हकदार नहीं। ऐसे भाई किसको चाहिए?"

मम्मी पर भी भाई ने हाथ चलाया। मैं तैश में आ गयी, उस पर झपट पड़ी। तब मुझे पता चला मन में गुस्सा हो तो ताकत अपने आप आ जाती है। छोटी बहन कम बोलने वाली, कुछ हद तक अन्तर्मुखी है। अपने मनोभाव खुद तक ही रखती है। मैं कहती हूँ, इस तरह हमारा काम नहीं चलने वाला।

बहन कहती है– "मम्मी भी तो दबती थीं, पहले।"

'हाँ, दबती थीं, जैसा कि वे बताती हैं। पर वे क्यों दबती थीं यह भी सोचा

है? वे हमारे कारण ही दबकर रहती थीं, क्योंकि हम छोटे थे। वे आज के दिन के लिए ही हमें बड़ा कर रही थीं क्योंकि जानती थीं, लड़का अपने बाप का रूप होता है। बड़ा होते ही शासन करने लगेगा।''

मेरी ग्रेजुएशन पूरी नहीं हुई। पापा की पसन्द से लिया मैथ्स ही मुझसे न चल सका, कम्पार्टमेंट आ गयी।

मम्मी ने कहा–''कोई बात नहीं। अगले साल पूरी तैयारी करके बी.ए. का इम्तहान देना। और अंग्रेजी में एम. ए. करना। तू जर्नलिस्ट ही तो बनना चाहती है।''

मेरी खुशी का ठिकाना न था। माँ मेरे मंसूबों को किस तरह पढ़ लेती है। टीवी में न्यूज रीडर्स को देखकर मैंने उनके रूप में वर्षों अपनी कल्पना की है। मैंने बी बी सी पर समाचार सुनने का शौक ही नहीं पाला, उसको अपने कैरियर की तरह देखा। अखबार पढ़ना मेरी पहली पसन्द रहा। यही कारण था कि खेल के पन्नों पर खिलाड़ियों को देखकर, टी वी में लड़कियों को खेलते देखकर मुझे रोमांच होने लगता था।

मम्मी ने हमें चोरी-छिपे खेलने भेजा। जब पापा दूसरे शहर में तबादले पर चले गये, मम्मी ने हमें आजाद कर दिया। पापा के जाने से मम्मी भी मुक्ति पा गयीं। भइया का रौब आधा रह गया। अगर पापा न जाते तो? हम यह बात सोचना तक नहीं चाहते थे। मम्मी कहती, जाते कैसे नहीं–जहाँ चाह, तहाँ राह। जैसी होत व्यथा, वैसी होय सहाय–मम्मी के पास ऐसी बहुत सी कहावतें थीं, जो हमें हौसला देतीं और गेम तो हौसले का ही मामला है। ज्यादा से ज्यादा मेहनत करती, जल्दी से जल्दी सफल होना चाहती, क्योंकि मेरे पास समय कम रहता, छूट बहुत कम पड़ती।

पापा आये तो पापा को पता चल गया कि हम क्या कर रहे हैं। लड़कों ने ही बता दिया, जो भइया के दोस्त थे। भइया ने भी पापा से मेरी और मम्मी की चुगली की, या भी जोड़ा कि अब मैं मम्मी के हाथ भी नहीं आती। मुझे बुरा तो लगा, लेकिन यह भी महसूस हुआ कि मैं भाई को बराबर की टक्कर दे रही हूँ। ऐसा न होता तो इसका जल्लादी रवैया मुझे मैदान तक जाने ही नहीं देता। मैंने कुछ तो हासिल किया ही है।

पापा ने सब कुछ सुना। मम्मी से क्या कहते, उन्हें पत्नी से आशा बिल्कुल न थी कि वह उनके पक्ष में बोलेगी। सब कुछ घर की परम्परा के विपरीत था, और पापा अपनी मर्दानी विरासत को सँभालने में खुद को असमर्थ पा रहे थे। साथ ही उन्हें अपने बेटे के भविष्य की चिन्ता थी। चुड़ैल बहनों और निर्मम माँ के आसपास अर्ध-अपंग लड़के के लिए कुछ नहीं दिख रहा था। हमारा घर ऐसे घर में तब्दील हो गया था, जैसा शायद ही यहाँ कोई घर हो। यहाँ राखी और करवा-चौथ जैसे त्योहारों पर धूल डालने वाली लड़कियों और स्त्री को लोग किसी नजर से देखेंगे, पापा

को यही अंदेशा रहता। उनके पौरुष और पराक्रम की तौहीन उनके अपने घर में हो रही है, वे तिलमिला उठते। ऐसे ही कारण थे कि पापा फिर शराब पीने लगे और मम्मी को पीटने का रास्ता उन्होंने बना लिया।

लेकिन अब बहुत कुछ बदल चुका था क्योंकि मम्मी ने 'लोग क्या कहेंगे' की परवाह करनी छोड़ दी थी। वे उनका ही अदब करती थीं, जौ उनकी बात को समझ रहे थे। अपने घरों में पिटने वाली औरतें भी इक्का-दुक्का करके चोरी-छिपे मम्मी के पास आने लगीं। "औरतों के दुख एक तरह के नहीं होते, मगर एक से होत हैं"– मम्मी अक्सर कहा करती हैं।

एक दिन पापा और भइया ने सम्मिलित ऐलान शान्तिपूर्वक तरीके से किया–

"घर में रहकर कुछ भी करो सविता। मन चाहे खेलो, मन चाहे किताबें पढ़ो। फिल्म देखो, प्रोग्राम देखो, टी वी चौबीस घंटे चलता है। तुम्हारी लिए ही केबिल लगवाया है। बस इस धर की इज्जत रख लो। बाहर जाने की बात मन से निकाल दो।"

मैं सिर झुकाये बैठी थी। मम्मी पीढ़ी पर बैठी थाली में दाल बीन रही थीं। छोटी बहन गैस पर पराँठे सेंकने में लगी थी क्योंकि पापा और भइया को आज ही बाहर जाना था। चाहते थे हम कायदे से रहें।

मैं जानती थी, पापा हफ्ते भर बाद घर लौटेंगे। माना कि मेरे ऊपर से इतने दिन के लिए अंकुश हट जाएगा, लेकिन फिर...?

मैंने यकायक सिर उठा दिया। पापा को गौर से देखा। वे मुझे कौतूहल भरी नजरों से देख रहे थे।

"एक बात कहूं पापा?"

अपने लिए बोलने की बात कहते ही मुझे पापा के चेहरे पर कठोर भाव की लहर सी आती दिखी। उनकी आँखों में नोकोंवाले सूजे से उभर आये। वे मुझे नजरों से डर दिखाने लगे।

अरे! अभी तो मैंन कुछ कहा ही नहीं! पापा की आँखें ही मुझे भूने दे रही हैं। मैं घबराने लगी, घुटन और जलन की लपटों ने घेर लिया हो जैसे।

"मेरी सुनो भी तो पापा।" आवाज मेरी थी।

"ला सुनूं" कहकर पापा ने मेरी गर्दन पर अपने दोनों पंजे कस दिये।

ताज्जुब कि मैंने 'छोड़ दो पापा' नहीं कहा। जो कहा वह वाक्य था–"जाना तो मुझे बाहर ही है पापा..."

उस दिन पापा मुझे जान से मार सकते थे, मैं जानती थी, उस दिन वे खुदकुशी कर सकते थे, उनकी जिद का मुझे पता था। मम्मी की भी जान ले सकते थे, जो हमारी गुरु की मुद्रा में थीं। मम्मी को जलाने के लिए मिट्टी का तेल हरदम तैयार रहता था। शायद पापा को कहीं यह डर भी कि मम्मी चुपचाप जलकर नहीं मरेंगी,

वे पापा को जलाकर मानेंगी।

आज सोचती हूँ, क्या आदमी पापा की तरह ही कभी डरता है, कभी डराता है? बार-बार यही समझ में आता है कि जो जितना डरता है, उतना ही डराता है। सामना करना उसे आता नहीं। पापा के घर की इज्जत हमसे मानी जाती थी, वे हमारे ऊँचे-नीचे चलन से डरते थे, इसलिए ही बात-बात पर हमें डराते रहे।

जब सिर से कफन ही बाँध लिया तो फिर मुझे डर क्या, संकोच क्या? परामेडिकल मुझ करने ने नहीं दिया, जर्नलिस्ट बनने के चांस भी हाथ नहीं लग सके क्योंकि अपने लिए मुक्ति का रास्ता बनाते-बनाते ही समय खर्च होता गया। अब हर हालत में मेरा फैसला लागू होगा, मैंने सोच लिया।

मुझे पुलिस में होना है। ऐसे कई मौके आये कि मुझे पुलिस की जरूरत महसूस हुई, लेकिन मरदानी पुलिस...नहीं नहीं वह तो पापा और भइया के जुल्मों से भी दो कदम आगे है। यहाँ कहने का प्रसंग नहीं, नहीं तो वे दो-चार किस्से भी यहाँ दर्ज होते। जिन्दगी तो हमारी लिखी जानी है तो फिर उसी की बात चले।

मैंने बिना किसी से पूछे पुलिस में भर्ती होने के लिए फॉर्म भरा। गेम्स के सार्टीफिकेट्स निकालकर रखे, पाँच गोल्ड थे एथलेटिक में। ये मैडल कैसे जीते? पापा की सख्त ताकीद थी, कभी किसी लड़के से बात न करूँ? मैं सोचती थी, पापा इतने बड़े हो गये, क्या यह भी ज्ञान नहीं कि लड़कों से बात करने में लड़की का कुछ नहीं बिगड़ता? अज्ञानी पिता बस डर ही दिखा सकता था और मैं बराबर चुप रहती कि लड़कों से बात करने की बात पिता और भाई तक न पहुँच जाए। मेरे लिए जो मौका आया है, वह भी छुड़ा दिया जाएगा, ऐसे ही जैसे अब तक कितने मौके निकल गये। पिता की आज्ञा कि कुछ भी करने की निषेधाज्ञा...तभी तो अवसर छूटते चले गये। मम्मी ने ठीक छोड़ दी करवा चौथ और हमने राखी के त्योहार पर खाक डाली क्योंकि हमारे रास्तों को रोकने वालों की उम्रदराजी हमें नहीं चाहिए।

फॉर्म जमा कर दिया मैंने। रोल नम्बर आया तो पापा और भइया को पता चला। मेरी पेशी होगी, मैं जानती थी। हाँ, अब मैं डर नहीं रही थी, भिड़ने के लिए तैयार थी और अपनी योग्यता को किसी तरह खारिज नहीं होने देना चाहती थी।

पापा ने कहा—"पुलिस में जानेवाली है! घर में किसी को खबर नहीं! पर छोरी, इतना तो हम जानते हैं कि तेरा कुछ भी होने-हवाने वाला नहीं है।"

मैं चुपचाप सुनती रही। अब अगला ही झपटने के लिए तैयार नहीं तो मैं। क्यों भिड़ूँ? मुझे सलैक्शन के लिए अपनी ताकत बचाकर रखना है। फजीहत होगी, मुझे तैयार रहना है। आनेवाले जीवन के लिए मैं कुछ भी करने को तैयार हूँ। अपने साहस पर यूँ तो मैं भी अचम्भे में थी, लेकिन साथ में यह भी सोच रही थी कि रुकावटें आदमी को आगे बढ़ाने में कितनी सहायक होती हैं। अड़चनें ही जुनून पैदा करती हैं और मुश्किलें ही जुनून की आग को हवा देती हैं। मैं अपने घर में नहीं,

जुनून के दायरे में रहने लगी।

फिजीकल के लिए गयी। मैंने न किसी को साथ लिया और न कोई मेरे साथ हुआ, जैसें में पुलिस के लिए नहीं, अपने अपराधी के लिए जेल जा रही हूँ।

सलैक्शन भी हो गया।

घर का मर्दाना पक्ष फिर हुंकार उठा। ''पहले ही घर की इज्जत, फिर नौकरी। पुलिस में जाएगी? इज्जत की धज्जियाँ उड़ाने का हीला कर लिया।''

मैं अपना निचला होंठ दाँत से कुचलती हुई सब कुछ सुन रही थी। जैसे इज्जत को चबा रही हूँ। तभी पापा ने जोर देकर कहा—

''इससे शादी कौन करेगा?''

मैं चुप थी क्योंकि सोच लिया था, मेरा बाप लड़की का बाप बना हुआ है, वह इससे ज्यादा कुछ सोच नहीं सकता। इसकी गलती नहीं, यह अपने नाते-रिश्तेदार, सागे-सम्बन्धी, जाति-बिरादरी से इतना दबा हुआ है कि इसके गले में उनकी ही आवाजें भरी हुई हैं।

मम्मी बराबर साथ थीं। उनकी बेटी पुलिस विभाग में जाएगी, उसे कोई डरा नहीं पाएगा। जिस लड़की के लिए जन्म से ही डरों का ओढ़ना-बिछौना तैयार कर दिया गया था।

पापा परिवार और परिवार की आबरू की दुहाई समझाकर, लताड़कर, चीख चिल्लाकर बाहर निकल गये।

''मुझे शादी नहीं, यही नौकरी करनी है पापा।'' मेरा निश्चय उन्होंने सुन लिया।

यहाँ ट्रेनिंग में हूँ। अपनी तरह की दूसरी लड़कियों को देखकर आत्मविश्वास बढ़ता है। हमदर्दी भी होती है और उत्सुकता भी कि ये भी मेरी ही तरह न जाने कितनी बाड़ें लाँघ-फलाँगकर यहाँ तक आयी होंगी। और न जाने कितनी हम जैसी लड़कियाँ, मम्मी की तरह औरतें घर परिवारों, जाति-समाज के बन्धनों और कठघरों में जद्दोजहद कर रही होंगी। ट्रेनिंग लेकर फील्ड में जाएँगे, उन सबसे मिलेंगे, जिनको हमारी जरूरत है, जिनको हमारी तलाश है। अपनी शादीशुदा बड़ी बहन के लिए भी मैंने पुलिस का फॉर्म भेजा है। यही सोचकर कि साहस को देखकर साहस जाग जाता है।

सरदार भगतसिंह

(जन्म 1907 – देहावसान(फाँसी) 1931)

सरदार भगतसिंह का जन्म 28 सितम्बर 1907 में पंजाब के जिला लायलपुर के बंगा गाँव में हुआ। वर्तमान समय में यह स्थान पाकिस्तान में है। भगतसिंह की माता का नाम विद्यादेवी तथा पिता का नाम किशनसिंह था। भगतसिंह की प्राथमिक शिक्षा बंगा में ही सम्पन्न हुई। भगतसिंह को देशभक्ति के संस्कार अपने पिता किशनसिंह तथा दादा अर्जुनसिंह से प्राप्त हैं। 13 अप्रैल 1919 जालियाँ वाला बाग कांड़ ने भगतसिंह को झकझोर कर रख दिया और वे प्रत्यक्ष क्रांतिकारियों की टोली में सम्मिलित हुए। वे काकोरी कांड़ में सम्मिलित थे। 8 अप्रैल 1929 को भगतसिंह तथा बटुकेश्वर दत्त ने असेंबली में बम विस्फोट किया। इस बम विस्फोट में मनुष्य हानि नहीं हुई। भगतसिंह तथा बटुकेश्वर दत्त पर कानूनी मुकदमा दायर किया गया। सँडर्स की हत्या के जुल्म में भगतसिंह, राजगुरु और सुखदेव को लाहौर के सेंट्रल जेल में 23 मार्च 1931 को फाँसी दी गयी। हाल ही में प्राप्त जानकारी के अनुसार जिस अपराध के लिए भगतसिंह को फाँसी दी गयी उसके मूल एफ.आय.आर. में भगतसिंह का नाम ही नहीं था यह सत्य सामने आया है।

प्रस्तुत पत्र फाँसी के एक दिन पूर्व अर्थात् 22 मार्च 1931 को भगतसिंह ने अपने साथियों के नाम लिखा है। पत्र में अपने साथियों को जिस प्रकार भगतसिंह ने सम्बोधित किया है उससे उनकी मानसिकता तथा स्वभाव का परिचय प्राप्त होता है। फाँसी से बचने का प्रयास वे कायरता मानते हैं। मौत द्वार पर दस्तक दे रही है फिर भी अपने राष्ट्र और विचारों के प्रति अटूट श्रद्धाा भगतसिंह में दिखाई देती है। उन्हें मौत का कोई दुःख नहीं है, दुःख इस बात का है देश और इन्सानियत के लिए उनके मन में जो विचार थे वे पूर्ण नहीं कर पाये।

प्रस्तुत पत्र देशभक्ति की भावना से परिपूर्ण एवं प्रेरक है।

पत्र

–सरदार भगतसिंह

साथियो, 22 मार्च, 1931

जिन्दा रहने की ख्वाहिश कुदरती तौर पर मुझमें भी होनी चाहिए। मैं इसे छिपाना नहीं चाहता। लेकिन मेरा जिन्दा रहना मशरूत (सशर्त) है : मैं बन्दी बनकर या पाबन्द होकर जिन्दा रहना नहीं चाहता।

मेरा नाम हिन्दुस्तानी इंकलाब पार्टी का निशान बन चुका है और इंकलाब-पसन्द पार्टी के आदर्शों और बलिदानों ने मुझे बहुत ऊँचा कर दिया है। इतना ऊँचा कि जिंदा रहने की सूरत में इससे ऊँचा मैं हरगिज नहीं हो सकता।

आज मेरी कमजोरियाँ लोगों के सामने नहीं हैं। अगर मैं फाँसी से बच गया तो वे जाहिर हो जायेगी और इंकलाब का निशान मद्धिम पड़ जाएगा या शायद मिन्ट ही जाए। लेकिन मेरे दिलेराना ढंग से हँसते-हँसते फाँसी पाने की सूरत में हिन्दुस्तानी माताएँ अपने बच्चों के भगतसिंह बनने की आरजू किया करेंगी और देश की आजादी के लिए बलिदान होने वालों की तादाद इतनी बढ़ जाएगी कि इंकलाब को रोकना साम्राज्यवाद की सम्पूर्ण शैतानी शक्तियों के बस की बात न रहेगी।

हाँ, एक विचार आज भी कचोटता है। देश और इंसानियत के लिए जो कुछ हसरतें मेरे दिल में थीं, उनका हजारवाँ हिस्सा भी मैं पूरा नहीं कर पाया। अगर जिन्दा रह सकता तो शायद इनको पूरा करने का मौका मिलता और मैं अपनी हसरतें पूरी कर सकता।

इसके सिवा कोई लालच मेरे दिल में फांसी से बच रहने के लिए कभी नहीं आया। मुझसे ज्यादा खुशकिस्मत कौन होगा? मुझे आजकल अपने आप पर गहुत नाज है। अब तो बड़ी बेताबी से आखिरी इंतिहां का इंतजार है। आरजू है कि यह और करीब हो जाए।

आपका साथी
भगतसिंह

सेठ गोविंददास

(जन्म 1896)

सेठ गोविन्ददास जी का जन्म 16 अक्तूबर 1896 में जबलपुर(मध्यप्रदेश) के एक सम्पन्न परिवार में हुआ। आपने संस्कृत, हिन्दी, अंग्रेजी का अध्ययन किया। महात्मा गाँधी जी के प्रभाव से स्वाधीनता आन्दोलन में सम्मिलित हुए। आन्दोलन में सम्मिलित होने के परिणाम स्वरूप 1930 में पहली बार उन्हें जेल जाना पड़ा। आपके एकांकी संग्रह 'सप्तरश्मि', 'एकादशी', 'चतुष्पथ', 'पंचभूत', 'नवरस', 'स्पर्धा', आदि प्रकाशित हैं।

हिन्दी साहित्य जगत् को आपने नाट्य क्षेत्र में मौलिक योग प्रदान किया। भारत सरकार की ओर से 'पद्मभूषण' सम्मान से आपको सम्मानित किया गया।

'शिवाजी का सच्चा स्वरूप' एक आदर्श प्रधान संस्कारक्षम एकांकी है। प्रस्तुत एकांकी शिवाजी राजा का नारी के प्रति उदात्त भाव स्पष्ट करती है। आबाजी सोनदेव ने कल्याण की लूट की। लूट के साथ कल्याण के सूबेदार तथा शत्रु अहमद की पुत्र वधू को बन्दी बनाकर ले आये। जिस शत्रु ने हमारी कई माँ-बहनों के साथ दुर्व्यवहार किया था ऐसे शत्रु की बहू, शत्रु की बहन, शत्रु की बेटी को सम्मान के साथ भेजने का काम शिवाजी महाराज ने किया। जिसके कारण स्त्री के प्रति उनका व्यवहार तथा विधर्मियों में प्रति मानसिकता स्पष्ट होती है। यह संस्कारक्षम आदर्श एकांकी है।

शिवाजी का सच्चा स्वरूप

—सेठ गोविंददास

एकांकी नाटक के पात्र

शिवाजी : प्रसिद्ध मराठा वीर
मोरोपंग पिंगल : पेशवा
आबाजी सोनदेव : शिवाजी का एक सेनापति
स्थान : राजगढ़ दुर्ग का एक दालान
काल : सन् 1648 ई. संध्या

(दाहिनी ओर दालान का कुल हिस्सा दिखाई देता है। दालान की छत पत्थर के खम्भों पर है। इसके पीछे की दीवार भी पत्थर की है। दालान के पीछे की ओर दाहिनी तरफ, दूर पर, गढ़ की फसील और कुछ बुर्जियाँ दीख पड़ती हैं। बायीं तरफ सह्याद्रि पर्वतमाला की शिखरावली दृष्टिगोचर होती है। कुछ शिखरों की ओट में सूर्य अस्त हो रहा है, जिसके प्रकाश से सारा दृश्य आलोकित है। दालान के सामने किले का खुला मैदान है। मैदान के इस ऊँचे स्तम्भ पर भगवा रंग का मराठा झण्डा फहरा रहा है। दालान में जाजम बिछी है, उस पर किमख्वाब की गद्दी पर मसनद के सहारे शिवाजी वीरासन से किसी विचार में मग्न हैं। उनके शरीर और वेश-भूषा के सम्बन्ध में कुछ भी लिखना इसलिए निरर्थक है कि एक भी भारतीय ऐसा नहीं जो उनसे परिचित न हो। दालान के बाहर शस्त्रों में सुसज्जित दो मालवी शरीर-रक्षक खड़े हुए हैं। बायीं ओर से मोरोपंत पिंगले का प्रवेश। मोरापंत अधेड़ अवस्था का गेहुएँ वर्ण का ऊँचा पूरा व्यक्ति है। वेशभूषा शिवाजी से मिलती है, केवल सिर की पगड़ी में अन्तर है, मोरोपंत की पगड़ी शिवाजी की पगड़ी के सदृश मुगल ढंग की न होकर मराठी तर्ज की है, उनके मस्तक पर त्रिपुण्ड भी है।)

मोरोपंत : (अभिवादन कर) श्रीमन्त सरकार, सेनापति आबाजी सोनदेव

कल्याण प्रान्त को जीत, वहाँ का सारा खजाना लूटकर आ गये हैं।

शिवाजी : *(चौंककर)* अच्छा! *(मोरोपंत की ओर देखकर)* बैठो पेशवा, बड़ा शुभ संवाद लाए। आबाजी सोनदेव हैं कहाँ?

मोरोपंत : *(वीरासन से बैठकर)* श्रीमन्त के सेवा में अभी उपस्थित हो रहे हैं।

(कुछ निस्तब्धता—शिवाजी और मोरोपंत दोनों उत्सुकता से बायीं ओर देखते हैं। कुछ ही देर में आबाजी सोनदेव बायीं ओर से आता हुआ दिखाई देता है। उसके पीछे हम्मालों का एक बड़ा भारी झुण्ड है। हर हम्माल के सिर पर एक बड़ा भारी टोकरा है। हम्मालों के झुण्ड के पीछे पालकी है, पालकी बन्द है। आबाजी सोनदेव भी अधेड़ अवस्था का ऊँचा पूरा मनुष्य है। वेशभूषा मोरोपंत के सदृश है। आबाजी सोनदेव दालान में आकर शिवाजी का अभिवादन करता है। हम्मालों का झुण्ड और पालकी दालान के बाहर रहते हैं।)

शिवाजी : बैठो, आबाजी, कल्याण-विजय पर तुम्हें बधाई है!

आबाजी सोनदेव : (बैठते हुए) बधाई है, श्रीमन्त सरकार को!

शिवाजी : कहो, पैदल मालवियों ने अधिक वीरता दिखाई या हेटकारियों ने?

आबाजी सोनदेव : दोनों ने ही श्रीमन्त सरकार!

शिवाजी : और घुड़सवारों में बारगियों ने या शिलेदारों ने?

आबाजी सोनदेव : इसमें भी दोनों ने ही, श्रीमन्त!

शिवाजी : सेनापति के अधिपति कैसे रहे?

आबाजी सोनदेव : पैदल के अधिपति—नायक, हवलदार, जुमलादार और एक-हजारी तथा घुड़सवारो के अधिपति—हवालदार, जुमलादार और सूबेदार, सभी का काम प्रशंसनीय रहा, श्रीमन्त सरकर।

शिवाजी : *(हम्मालों की ओर देखकर मुस्कराते हुए)* कल्याण का खजाना भी लूट लाये, बहुत माल मिला?

आबाजी सोनदेव : हाँ श्रीमन्त, सारा खजाना लूट लिया गया और इतना माल मिला, जितना अब तक की किसी लूट में भी न मिला था। चाँदी, सोना, जवाहरात, न जाने क्या-क्या मिला। मैं तो समझता हूँ श्रीमन्त, केवल दक्षिण ही नहीं, उत्तर की भी विजय इस सम्पदा से हो सकेगी।

शिवाजी : *(हम्मालों के पीछे पालकी को देखकर)* और उस मेणा में क्या है?

आबाजी सोनदेव : *(मुस्कुराते हुए)* उस मेणा... उस मेणा में श्रीमन्त, इस जीत का सबसे बड़ा तोहफा है?

शिवाजी : *(उत्सुकता से आबाजी सोनदेव की ओर देखते हुए)* अर्थात्?

आबाजी सोनदेव : श्रीमन्त, कल्याण के सूबेदार अहमद की पुत्रवधू के सौन्दर्य का वृत्त कौन नहीं जानता? उसे भी श्रीमन्त की सेवा के लिए बन्दी बनाकर लाया हूँ।

(शिवाजी की सारी प्रसन्नता एकाएक लुप्त हो जाती है। उनकी भृकुटियाँ चढ़ जाती हैं और नीचे का होंठ ऊपर के दाँतों के नीचे आ जाता है। आबाजी सोनदेव शिवाजी की परिवर्तित मुद्रा देखकर घबरा-सा जाता है। मोरोपंत एकाएक शिवाजी को ओर देखता है। कुछ देर निस्त्तबधता रहती है।)

शिवाजी : *(भर्राए हुए स्वर में)* मेणा को तत्काल इस पड़वी में लाओ।

(आबाजी सोनदेव जल्दी से दालान के बाहर जाता है। शिवाजी एकटक पालकी की ओर देखते हैं, मोरोपंत शिवाजी की तरफ। कुछ ही क्षणों में पालकी दालान में आती है। ज्योंही पालकी दालान में रखी जाती है, त्योंही शिवाजी जल्दी से पालकी के निकट पहुँचते हैं। मोरोपंत शिवाजी के पास जाता है।)

शिवाजी : *(आबाजी सोनदेव से)* खोल दो मेणा आबाजी।

(आबाजी सोनदेव पालकी के दरवाज़े खोलता है। दरवाजे खुलते ही अहमद की पुत्रवधू उसमें से निकल चुपचाप एक ओर सिकुड़कर खड़ी हो जाती है। वह परम सुन्दरी युवती है। वेषभूषा मुगल स्त्रियों के सदृश।)

शिवाजी : *(अहमद की पुत्रवधू से)* माँ, शिवा अपने सिपहसालार की नामाकूल हरकत पर आपसे मुआफी चाहता है। आह! कैसी अजीबो—गरीब खूबसूरती है आपकी। आपकी खूबसूरती को मैं एक...सिर्फ काम में ला सकता हूँ। उसका हिन्दू विधि से पूजन करूँ, उसकी इस्लामी तरीके से इबादत करूँ। आप ज़रा भी परेशान न हों माँ। आपको आराम, इज़्ज़त, हिफाजत और खबरदारी के साथ आपके शौहर के पास पहुँचा दिया जाएगा, बिना देरी के, फौरन! *(आबाजी सोनदेव की ओर घूमकर)* आबाजी, तुमने ऐसा काम किया है जो कदाचित् क्षमा नहीं किया जा सकता। शिवा को जानते हुए, निकट से जानते हुए, तुम्हारा साहस ऐसा घृणित कार्य करने के लिए कैसे हुआ? शिवा ने आज-पर्यन्त किसी मस्जिद की दीवार में

बाल-बराबर दरार भी न आने दी। शिवा को अगर कुरान की पुस्तक मिली तो उसने उसे सिर पर चढ़ा, उसके एक पन्ने को भी किसी प्रकार की क्षति पहुँचाए बिना, मौलवी साहब की सेवा में भेज दिया। हिन्दू होते हुए भी शिवा के लिए इस्लाम धर्म पूज्य है। इस्लाम के पवित्र स्थान, उसके पवित्र ग्रन्थ सम्मान की वस्तुएँ हैं। शिवा हिन्दू और मुसलमान प्रजा में कोई भेद नहीं समझता। अरे! उसकी सेना में मुस्लिम सैनिक तक हैं। वह देश में हिन्दू राज्य नहीं, सच्चे स्वराज्य की स्थापना चाहता है। आततायियों से सत्ता का अपहरण कर उदार चेताओं के हाथों में अधिकार देना चाहता है। फिर परस्त्री–अरे! परस्त्री तो हरेक के लिए माता के समान है। जो अधिकार-प्राप्त जन है, जो सरदार हैं, या राजा... उन्हें तो इस सम्बन्ध में विवेक, सबसे अधिक विवेक रखना आवश्यक है। *(कुछ रुककर)* आबाजी, क्या तुम मेरी परीक्षा लेना चाहते थे? इसीलिए तो तुमने यह कृति नहीं की? शिवा ये लड़ाई-झगड़े ये लूट-पाट व्यक्तिगत सूख के लिए कर रहा है? क्या स्वयं चैन उड़ाना उसका उद्‌देश्य है? तब... तब तो रक्तपात से लूटमार, घृणित कृतियाँ हैं। शिवा में यदि शील नहीं तो उसके सेनापतियों, सरदारों को शील का स्पर्श तक नहीं हो सकता। फिर तो हममें और इन्द्रियलोलुप लुटेरों तथा डाकुओं में कोई अन्तर ही नहीं रह जाता अरे, तब तो हमारे जीवन से हमारी मृत्यु, हमारी विजय से हमारी पराजय, कहीं श्रेयस्कर है। (मोरोपंत से) आह! पेशवा यह... यह मेरे...मेरे एक सेनापति ने–मेरे एक सेनापति ने क्या...क्या कर डाला। लज्जा से मेरा सिर आज पृथ्वी में नहीं, पाताल में घुसा जाता है। इस पाप का न जाने मुझे कैसा...कैसा प्रायश्चित्त करना पड़ेगा? *(कुछ रुककर)* पेशवा, इस समय तो मैं केवल एक घोषणा करता हूँ–भविष्य में अगर कोई ऐसा कार्य करेगा तो उसका सिर उस समय धड़ से जुदा कर दिया जाएगा।

(शिवाजी का सिर नीचे झुक जाता है। अहमद की पुत्रवधू कनखियों से शिवाजी की ओर देखती है। उसकी आँखों में आँसू छलक आते हैं। मोरोपंत शिवाजी की तरफ देखता है और आबाजी सोनदेव घबराहट-भरी दृष्टि से मोरोपंत की ओर।)

□□